中社智库 国家智库报告 2017（31） National Think Tank
经济

中国工业经济运行秋季报告（2017）

中国社会科学院工业经济研究所工业经济形势分析课题组 著

AUTUMN REPORT OF CHINA INDUSTRIAL ECONOMICS OPERATION ANALYSIS(2017)

中国社会科学出版社

图书在版编目(CIP)数据

中国工业经济运行秋季报告. 2017/中国社会科学院工业经济研究所工业经济形势分析课题组著. —北京：中国社会科学出版社，2017.10
（国家智库报告）
ISBN 978-7-5203-1173-1

Ⅰ.①中⋯　Ⅱ.①中⋯　Ⅲ.①工业经济—研究报告—中国—2017　Ⅳ.①F42

中国版本图书馆 CIP 数据核字（2017）第 249840 号

出 版 人	赵剑英
责任编辑	王　茵
特约编辑	王　衡
责任校对	朱妍洁
责任印制	李寡寡

出　　版	中国社会科学出版社
社　　址	北京鼓楼西大街甲 158 号
邮　　编	100720
网　　址	http://www.csspw.cn
发 行 部	010-84083685
门 市 部	010-84029450
经　　销	新华书店及其他书店

印刷装订	北京君升印刷有限公司
版　　次	2017 年 10 月第 1 版
印　　次	2017 年 10 月第 1 次印刷

开　　本	787×1092　1/16
印　　张	6.25
插　　页	2
字　　数	70 千字
定　　价	28.00 元

凡购买中国社会科学出版社图书，如有质量问题请与本社营销中心联系调换
电话：010-84083683
版权所有　侵权必究

课题主持人：黄群慧　张其仔

课题组成员：黄阳华　江飞涛　李芳芳
　　　　　　李　钢　梁泳梅　王秀丽
　　　　　　王燕梅　吴利学　袁惊柱
　　　　　　何小川　张航燕　张艳芳

本报告执笔人：张航燕　何小川　李芳芳
　　　　　　　王秀丽

摘要：2017年1—8月，中国工业呈现出趋稳向好的总体特征。工业行业结构继续呈现高端迈进态势，中部地区工业继续领跑，东北地区工业明显改善，京津冀地区工业增速走势分化，工业投资增速小幅回升，结构持续优化，工业出口增速为2012年以来最好水平，工业企业利润保持较高增速。但是中国工业经济运行中仍存在不少问题，当前突出表现为工业成本攀升。模型预测结果显示，2017年规模以上工业增加值增速为6.0%—6.5%的概率很大。当前形势下，要实质性推进供给侧结构性改革，提高工业生产要素质量和创新工业生产要素资源配置机制，推动工业增长方式从劳动力和物质要素总量投入驱动主导转向知识和技能等创新要素驱动主导。

Abstract: From January to August of 2017, the general characteristic of Chinese industrial economy was "stabilized for the better". The industrial structure continued to show the high-grade trend, the central region was the pace setter and the northeast region's industrial growth was significantly improved, Beijing-Tianjin-Hebei regional industrial growth trend became divided inside, industrial investment growth picked up slightly and the investment structure continued to optimize, industrial export growth was the best level since 2012, profits of industrial enterprises maintained a high growth rate, however, there are still many problems in China's economic operation, which showed industrial costs climbed. According to the results of model prediction, in 2017, the industrial added value growth rate above a designated scale would fell to 6.0% - 6.5%. Under the current situation, we must substantially push forward the structural reform of the supply side, improve the quality of industrial production factors, and innovate the resource allocation mechanism of industrial production factors, promote the industrial growth pattern from the total input of labor and material factors driven to knowledge and skills and other innovative elements driven dominance.

目　录

一　2017年1—8月工业经济运行分析 …………（2）
　　（一）工业总体分析 ……………………（2）
　　（二）行业运行分析 ……………………（15）

二　2017年工业运行景气分析与预测 …………（38）
　　（一）工业经济景气分析 ………………（38）
　　（二）内外部环境分析 …………………（44）
　　（三）工业增速趋势预测 ………………（56）

三　中国工业运行政策建议 ……………………（57）
　　（一）增强地方政府创新发展动力，形成
　　　　　转型升级长效机制 …………………（57）
　　（二）完善公共科技服务体系，弥补制造业
　　　　　创新体系短板 …………………………（58）
　　（三）构建产业政策工具组合，避免政策选择从
　　　　　一个极端走向另一个极端 …………（60）

（四）从消费者权益角度制定标准，形成标准
　　倒逼质量提升的机制 …………………（61）
（五）切实加强知识产权保护，从根本上激发
　　小微企业和创新创业活力 ……………（62）
（六）加强企业信用建设，降低企业融资和
　　社会化管理成本 ………………………（63）

附录一　工业经济数据来之不易　制造业寒流
　　　　　并未解除 ……………………………（65）

附录二　中国制造如何向服务化转型 …………（69）

附录三　全面实施制造强国战略的新阶段 ……（77）

附录四　世界主要国家工业相关数据 …………（88）

2017年1—8月，中国工业呈现出"趋稳向好"的总体特征。工业行业结构继续呈现高端迈进态势，中部地区工业继续领跑，东北地区工业明显改善，京津冀地区工业增速走势分化，工业投资增速小幅回升，结构持续优化，工业出口增速为2012年以来最高水平，工业企业利润保持较高增速。但是中国工业经济运行中仍存在不少问题，当前突出表现为工业成本攀升。模型预测结果显示，2017年规模以上工业增加值增速为6.0%—6.5%的概率很大。当前形势下，要实质性推进供给侧结构性改革，提高工业生产要素质量和创新工业生产要素资源配置机制，推动工业增长方式从劳动力和物质要素总量投入驱动主导转向知识和技能等创新要素驱动主导。

一　2017年1—8月工业经济运行分析

2017年1—8月，中国工业经济呈现趋稳高端迈进发展态势。制造业呈现平稳发展态势，东北地区工业改善，工业投资增速小幅回升，结构持续优化，工业出口增速为2012年以来最高水平，工业企业利润保持较高增速，但成本上浮凸显。

（一）工业总体分析

中国工业经济呈现趋稳高端迈进态势。 2017年1—8月，全国规模以上工业增加值同比实际增长6.7%，增速较1—7月放缓0.1个百分点，但比2016年同期高0.7个百分点。从累计增速来看，2017年工业经济向好企稳的特征明显，2016年工业经济增速在6.0%上下浮动，2017年1—8月在6.5%徘徊，2017年工业增速整体将比2016年提升

0.5个百分点。技术含量高、资源消耗少、符合转型升级方向的新产业新产品快速增长。8月，高技术产业、装备制造业增加值同比分别增长12.9%和11.6%，增速分别高于规模以上工业6.9和5.6个百分点，较7月分别加快0.8个和0.9个百分点。其中，电子及通信设备、仪器仪表、专用设备及通用设备、汽车、电气机械、医药、航空航天器及设备制造业保持快速增长。1—8月，工业机器人产量同比增长63.0%，新能源汽车增长25.4%，运动型多用途乘用车（SUV）增长17.2%。六大高耗能行业增长2.9%，采矿业下降3.4%，增速较7月均有所回落。

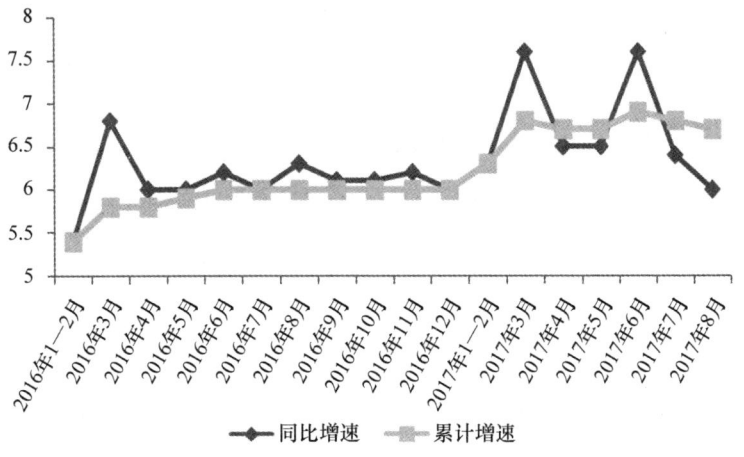

图1　2016年以来规模以上工业增加值同比和累计增速（单位:%）

数据来源：国家统计局网站。

分三大门类看，制造业工业增加值走势相对平稳，采矿业与电力、热力、燃气及水生产和供应业工业增加值增速呈现"背反"走势（见图2）。2017年1—8月，采矿业增加值同比下降1.2%，降幅比2016年同期扩大0.7个百分点，比2017年上半年扩大0.2个百分点；制造业增加值同比增长7.2%，增速较2016年同期加快0.3个百分点，但比2017年上半年减少0.2个百分点；电力、热力、燃气及水的生产和供应业增长8.4%，增速比2016年同期加快4.5个百分点，比2017年上半年加快0.3个百分点。分月看，制造业工业增加值增速相对平缓，采矿业与电力、热力、燃气及水的生产和供应业工业增加值增速呈现锯齿形，波动较大。3月和5月，采矿业增加值同比分别增长0.8%和0.5%，而其他月则表现为负增长，8月采矿业增加值同比下降3.4%，降幅比2016年同期扩大2.9个百分点，比2017年上半年扩大3.3个百分点；3月和7月，电力、热力、燃气及水的生产和供应业增加值同比分别增长9.7%和9.8%，而7月增加值同比增长减至6.9%；相对采矿业与电力、热力、燃气及水的生产和供应业而言，制造业工业增加值增速相对平缓，年内低点为2月的6.9%，高点为3月的7.4%，相差

0.5个百分点。

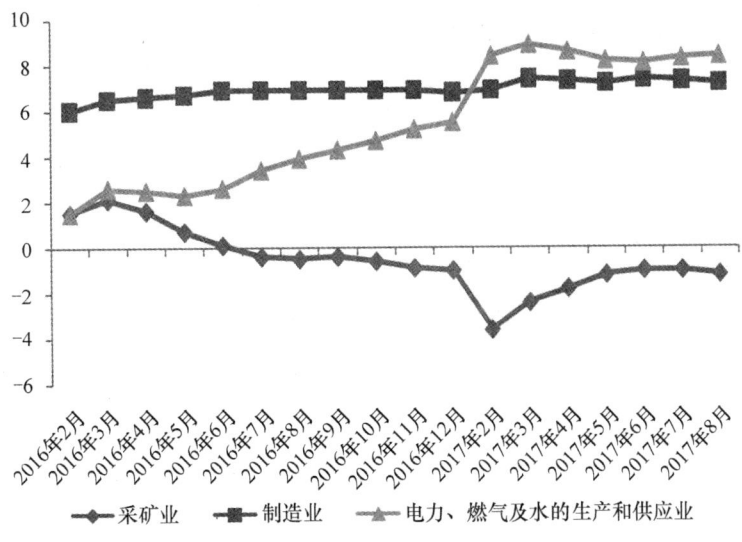

图2　2016年以来三大门类规模以上工业增加值累计增速（单位:%）

数据来源：国家统计局网站。

分地区看，中部地区工业领跑，东部和西部地区工业出现较大幅度的下降，东北地区工业向好。2017年8月，东部地区增加值同比增长5.4%，增速比2016年同期下滑1.8个百分点，比2017年上半年下滑2.8个百分点；中部地区增加值同比增长7.4%，增速比2016年同期减少0.4个百分点，比2017年上半年下滑1.1个百分点；西部地区增长4.0%，增速比2016年同期和2017年上半年均减少3.9个百分点。2017年中国工业地区表现较为突出的是东北地区工业向好。8月，东北地区工业增加值同比增长2.2%，增速较2016年同期大幅提升4.2个百分点，比2017年上半年加快0.5个百分点。分省来看，辽宁省工业实现近3年首次正增长。8月辽宁省工业增加值同比增长1.9%，是自2014年9月以来首次实现正增长；吉林工业增速较大幅度下降，8月吉林省工业增加值同比增长2.8%，较2016年同期减少3.0个百分点，比2017年上半年减少1.7个百分点；黑龙江省工业增加值同比增长1.5%，增速与2016年同期加快0.7个百分点，但比2017年上半年减少1.1个百分点。

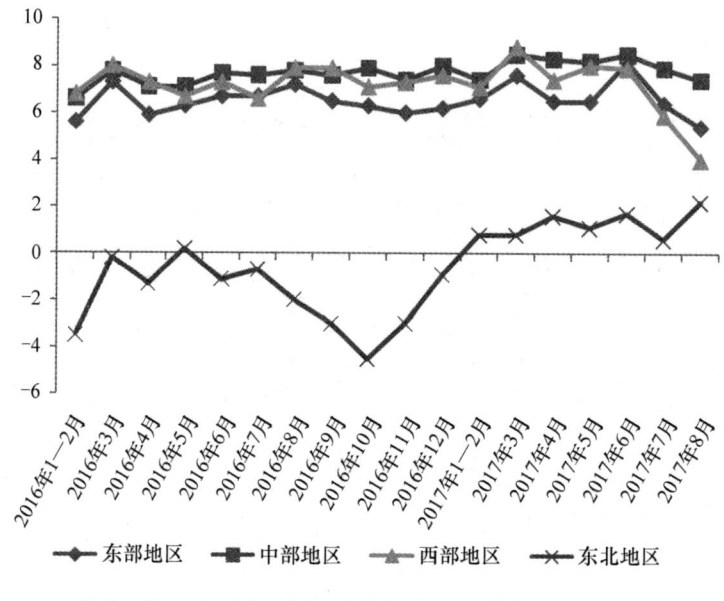

图3　2016年以来地区工业增加值同比增速（单位:%）

数据来源：国家统计局网站。

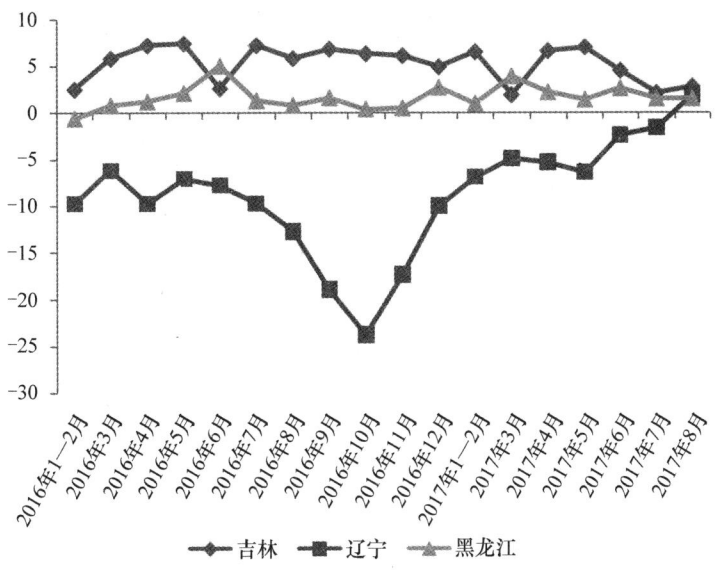

图4 2016年以来东北三省工业增加值同比增速（单位:%）

数据来源：国家统计局网站。

京津冀地区工业增速走势分化①，北京工业增加值增速呈现前高后低态势，天津工业增加值增速呈现走低态势，河北工业增加值增速走势较为平稳（见图5）。北京工业增加值累计增速在2017年2月快速增加至9.5%，之后不断下滑至5月的5.5%，随后小幅上升，8月北京市工业增加值上升至6.3%；天津工业增加值累计增速由2017年年初的6.7%逐步降至8月的4.0%；河北工业增加值增速由2017年年初的3.0%逐步上升至6月的5.0%，8月减至4.0%。1—8月，北京、天津和

---

① 由于京津冀地区工业增加值月度同比增速出现较大的波动，这里分析累计同比增速能更好地看出其走势。

河北工业增加值增速比2016年同期分别提升3.4个、-4.8个和-1.4个百分点，比2017年上半年分别提升0.5个、-1.6个和-1.0个百分点。

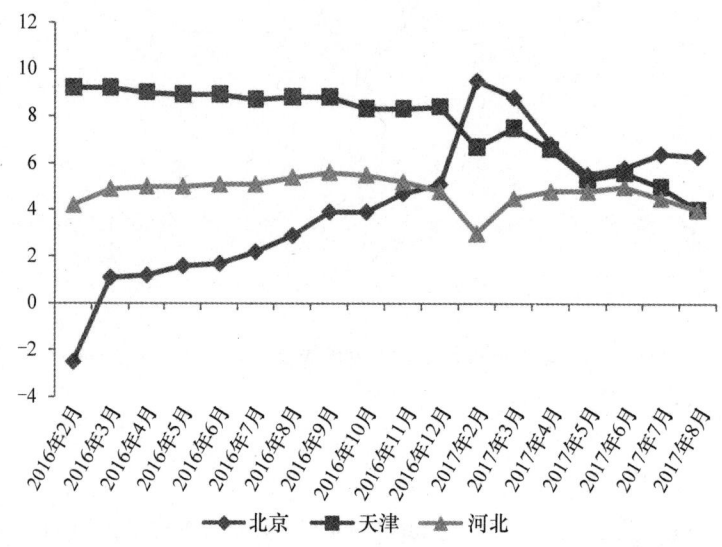

图5　2016年以来京津冀工业增加值累计同比增速（单位:%）

数据来源：国家统计局网站。

工业投资增速小幅回升，投资结构持续优化。 2017年1—8月，工业投资146224亿元，同比增长3.8%，增速比2016年同期加快0.9个百分点，但比2017年上半年减少0.8个百分点。其中，采矿业投资5649亿元，同比下降7.0%，降幅比2016年同期收窄13.9个百分点，但比2017年上半年扩大0.6个百分点；制造业投资121680亿元，同比增长4.5%，增速比2016年同期加快1.4个百分点，但比 2017 年上半年减少 1.0 个百分点；电力、热力、燃气及水的生产和供应业投资 18894 亿元，增长 2.6%，增速比 2016 年同期减少 13.5 个百分点，但比 2017 年上半年加快 0.1 个百分点。高技术产业投资快速增长。1—8 月，高技术产业投资 26578 亿元，同比增长 17.8%，增速比 2016 年同期提高 2.3 个百分点。其中，高技术制造业投资 16502 亿元，增长 19.5%，增速虽比 1—7 月有所回落，但比 2016 年同期提高 7.7 个百分点，比全部制造业投资高 15.0 个百分点；占全部制造业投资的比重为 13.6%，比 2016 年同期提高 1.7 个百分点。工业技术改造投资增长加快。1—8 月，工业技改投资 63246 亿元，增长 12.4%，增速比 1—7 月提高 1.3 个百分点，比全部工业投资高 8.6 个百分点；占全部工业投资的比重为 43.3%，比 2016 年同期提高 3.4 个百分点。其中，制造业技改投资增长 11.4%，增速比 1—7 月提高 1.1 个百分点，比全部制造业投资高 6.9 个百分点；占全部制造业投资的比重为 46.3%，比 2016 年同期提高 2.9 个百分点。装备制造业投资呈现良好增长态势。1—8 月，装备制造业投资 50909 亿元，增长 8.2%，增速比 2016 年同期提高 4.6 个百分点；占全部制造业投资的比重为 41.8%，比 2016 年同期提高1.4个百分点；对制造业投资增长的贡献率高达73%。

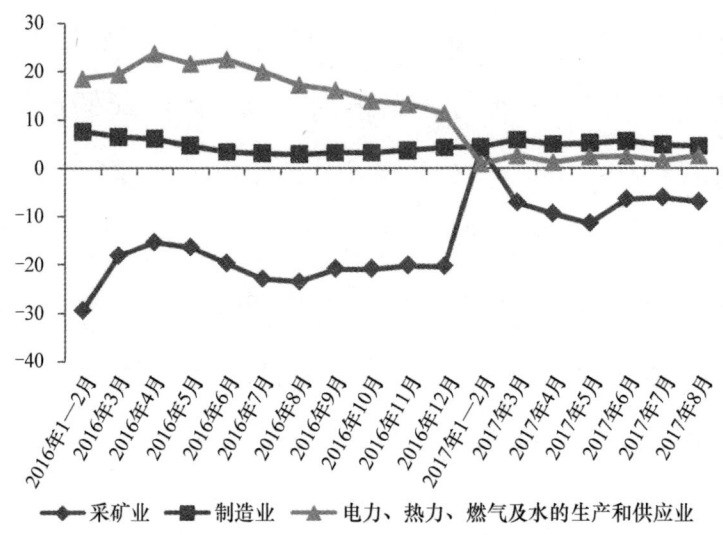

图6 2016年以来三大门类固定资产投资累计增速（单位:%）

数据来源：国家统计局网站。

工业出口增长为2012年以来最好水平。2017年1—8月，规模以上工业企业实现出口交货值82673.8亿元，同比增长10.3%，增速比2016年同期加快10.2个百分点，但比2017年上半年减少0.6个百分点。2017年规模以上工业出口交货值同比增速呈现跳涨的态势，增速已由2016年年底的0.4%上升至2017年8月的10.3%。

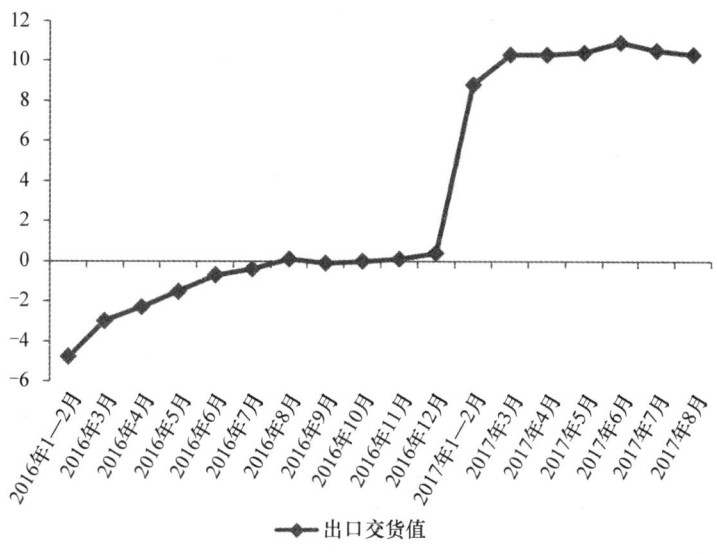

图 7　2016 年以来工业出口交货值累计增速（单位：%）

数据来源：国家统计局网站。

工业企业利润保持较高增速，但持续回落。2017 年 1—7 月，全国规模以上工业企业实现利润总额 42481.2 亿元，同比增长 21.2%，增速比 2017 年上半年放缓 0.8 个百分点。比起 2017 年 2 月的高点 31.5%，增速回落了 10.3 个百分点，2017 年工业企业利润增速呈现回落态势。分类别看，1—7 月，采矿业实现利润总额 2795.5 亿元，同比增长 7.9 倍；制造业实现利润总额 37413.1 亿元，增长 18.1%，增速较 1—6 月下降 0.4 个百分点；电力、热力、燃气及水的生产和供应业实现利润总额 2272.6 亿元，下降 25.3%，降幅较 1—6 月收窄 2.9 个百分点。需要说明的是2017年年初工业利润跳涨主要归因为产品价格明显上涨。特别是2月，工业生产者出厂价格同比上涨7.8%，涨幅比2016年12月提高2.3个百分点，创2008年以来新高。按照国家统计局初步测算，因出厂价格上涨7.3%，企业主营业务收入增加11664.3亿元，因工业生产者购进价格上涨9.1%，企业主营业务成本增加约9362亿元，收支相抵，利润增加约2302.3亿元，增量比2016年12月明显扩大。而价格的上涨又较多地依靠煤炭、钢材和原油等价格的快速上涨。

表1　　　　　2016年以来三大门类利润累计增速　　　　单位:%

	采矿业	制造业	电力、热力、燃气及水的生产和供应业		采矿业	制造业	电力、热力、燃气及水的生产和供应业
2016年2月	-121.1	12.9	2.0	2016年11月	-36.2	13.7	-10.1
2016年3月	-108.5	14.6	4.6	2016年12月	-27.5	12.3	-14.3
2016年4月	-104.8	13.3	1.7	2017年2月	上年亏损	26.7	-33.5
2016年5月	-93.8	12.5	1.3	2017年3月	上年亏损	23.4	-29.4
2016年6月	-83.6	12.1	-2.3	2017年4月	上年亏损	19.9	-31.3
2016年7月	-77.0	12.8	-3.0	2017年5月	7936.0	18.6	-29.7
2016年8月	-70.9	14.1	-2.0	2017年6月	1338.0	18.5	-28.2
2016年9月	-62.1	13.5	-3.6	2017年7月	788.9	18.1	-25.3
2016年10月	-48.5	13.2	-6.2				

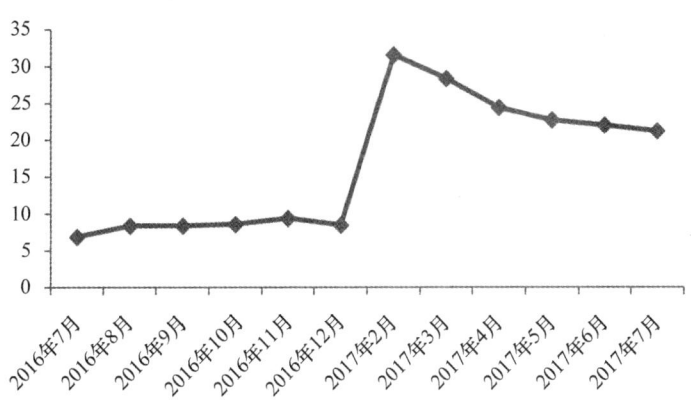

图8　2016年以来工业企业利润累计增速（单位:%）

数据来源：国家统计局网站。

工业生产者出厂价格呈现回落态势。2017年8月，全国工业生产者出厂价格同比上涨5.5%，涨幅在连续3个月保持稳定之后，比7月扩大0.8个百分点。与年初2月的7.8%的高点相比，8月工业生产者出厂价格涨幅回落了1.5个百分点。同比涨幅扩大的有黑色金属冶炼和压延加工业、石油加工业、有色金属冶炼和压延加工业、石油和天然气开采业、非金属矿物制品业、化学原料和化学制品制造业，分别上涨29.1%、16.8%、16.3%、15.7%、9.0%和8.4%，煤炭开采和洗选业同比涨幅回落至32.1%。按照国家统计局的测算，上述六大行业合计影响PPI同比上涨约5.1个百分点，占总涨幅的81.0%。8月，全国工业生产者出厂价格环比上涨0.9%，涨幅比7月扩大0.7个百分点。8月，工业生产者购进价格同比上涨7.7%,涨幅较7月加快0.7个百分点,比3月的高点回落了2.7个百分点。

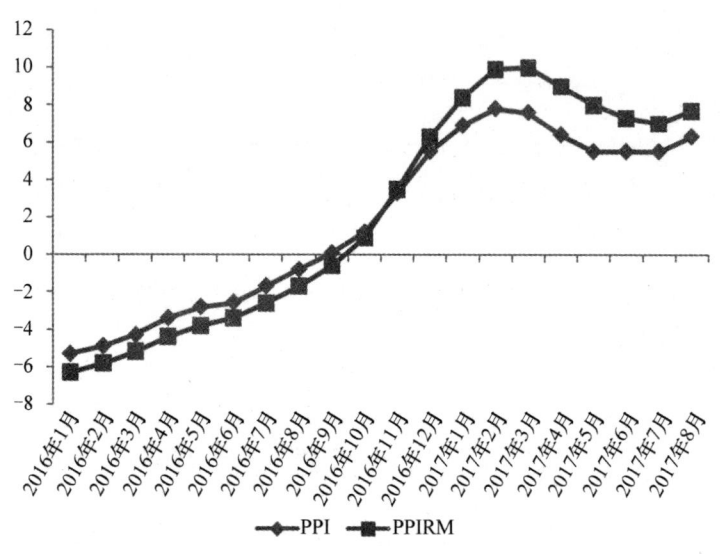

图9 2016年以来PPI同比增速(单位:%)

数据来源:国家统计局网站。

"三去一降"成效显著,供给侧结构性改革稳步推进。截至2017年7月底,钢铁去产能进展顺利,"地条钢"被依法取缔;煤炭去产能1.28亿吨,完成全年目标任务的85%。企业资产负债率、生产成本继续下降。7月底,规模以上工业企业资产负债率为55.8%,比2016年同期下降0.7个百分点。1—7月,规模以上工业企业每百元主营业务收入中的成本为85.72元,比2016年同期减少0.04元。

(二) 行业运行分析

本报告行业划分参照工业与信息化部的划分标准，将工业行业分为四大类：原材料工业、装备工业、消费品工业和通信电子信息及软件业。原材料工业包括能源、化工、钢铁、有色和建材；装备工业包括机械、汽车和民用船舶；消费品工业包括轻工、纺织、食品、医药。本报告主要关注原材料工业、装备工业和消费品工业。

1. 原材料工业

煤炭行业结构性调整成效显现。在去产能政策的推动下，煤炭供给收缩，特别是2016年下半年以来，下游电厂补库需求、煤炭进口受限以及贸易商的投机行为进一步刺激了需求的集中释放，供需错配，造成煤价持续快速上涨。2017年1—8月，煤炭开采和洗选业工业增加值同比下降1.5%，降幅比2016年同期收窄了0.3个百分点。库存减少、煤炭价格回升助力企业经营状况改善。2017年1—7月，煤炭开采和洗选业利润同比增长19.7倍，主营业务收入同比增长36.3%，而2016年同期则是负增长。但是中国小型煤矿数量多、落后产能比重大与大型现代化煤矿数量少、先进产能比重矛盾仍十分突出，供大于求格局仍未改观。

随着市场需求的缩减和能源供需结构的变化,石油和天然气开采业持续深度调整。2017年1—8月,石油和天然气开采业工业增加值同比下降2.0%,降幅较2016年同期和2017年上半年分别扩大1.9个和0.2个百分点。受价格总水平上升等因素的影响,石油和天然气开采业效益保持良好态势。2017年1—7月,石油和天然气开采业实现利润232.9亿元,而2016年同期为亏损383.3亿元。外围经济回暖,石油和天然气开采业出口保持较快增长势头。2017年1—8月,石油和天然气开采业出口同比增长69.0%,而2016年处于负增长态势。

2017年1—8月,电力、热力和水的生产和供应业工业增加值同比增长8.3%,较2016年同期和2017年上半年分别加快5.3个和0.3个百分点。电力、热力和水的生产和供应业主营业务收入与利润同比增速呈现"背反"态势。主要受下游需求增加影响,2017年1—7月,电力、热力和水的生产和供应业主营业务收入同比增长7.1%,增速较2017年上半年和2016年同期分别加快0.5个和8.4个百分点。但是受主要燃料价格上涨及电价调整政策等因素叠加影响,电力、热力和水的生产和供应业利润同比增速自2016年4月以来持续出现负增长的态势。2017年1—7月,电力、热力和水的生产和供应业利润同比下降 31.7%，降幅较 2016 年同期增加 27.2 个百分点，2017 年以来利润降幅呈现小幅收窄的态势，1—7 月降幅较 1—2 月收窄 7.6 个百分点。

表2　煤炭开采和洗选业、石油和天然气开采业主要指标累计增速　单位:%

	煤炭开采和洗选业				石油和天然气开采业			
	收入	利润	出口交货值	工业增加值	收入	利润	出口交货值	工业增加值
2016 年 2 月	-17.1	-111.1	6.3	-1.3	-31.8	-234.1	-60.5	5.0
2016 年 3 月	-15.8	-92.6	-20.0	-0.1	-30.9	-202.0	-52.3	5.1
2016 年 4 月	-14.8	-92.2	-26.2	-0.5	-29.0	-196.0	-71.4	3.7
2016 年 5 月	-13.5	-73.4	25.5	-1.4	-27.2	-175.8	-68.1	2.6
2016 年 6 月	-13.0	-38.5	7.7	-1.9	-26.5	-161.7	-63.3	1.6
2016 年 7 月	-11.9	-19.0	3.0	-2.3	-25.8	-149.9	-61.8	0.5
2016 年 8 月	-10.2	15.0	39.3	-1.8	-24.9	-145.8	-57.1	-0.1
2016 年 9 月	-8.2	65.1	-15.6	-1.3	-23.4	-144.0	-52.3	0.1
2016 年 10 月	-6.5	112.9	29.4	-1.2	-21.9	-141.6	-49.6	-0.2
2016 年 11 月	-4.0	156.9	124.0	-1.4	-20.0	-141.0	-46.5	-0.2
2016 年 12 月	-1.6	156.9	75.7	-1.5	-16.6	-141.0	-41.6	-0.1
2017 年 2 月	37.5	223.6	75.8	-6.8	43.8	-158.9	23.1	-2.1
2017 年 3 月	41.7		92.9	-4.1	42.5		73.3	-2.1
2017 年 4 月	41.9		180.6	-2.6	37.1		118.8	-2.7
2017 年 5 月	40.5		62.5	-1.7	33.6		95.5	-2.2
2017 年 6 月	37.6	8773.4	133.3	-1.5	29.0		79.3	-1.8
2017 年 7 月	36.3	1968.3	89.7	-1.2	25.3		82.4	-1.8
2017 年 8 月			25.5	-1.5			69.0	-2.0

数据来源：国家统计局网站。

18 国家智库报告

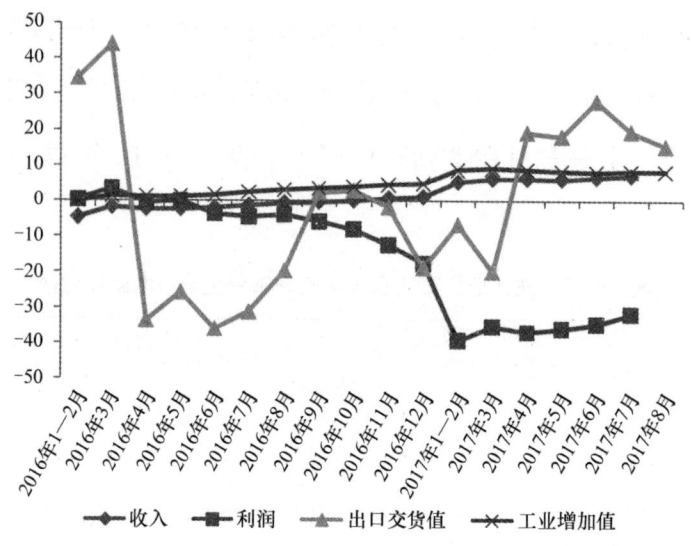

图10 电力、热力和水的生产和供应业主要指标累计增速（单位:%）

数据来源：国家统计局网站。

化工行业增长呈现回落态势。2017年1—8月，石油加工、炼焦及核燃料加工业，化学原料及化学制品制造业，化学纤维制造业，以及橡胶和塑料制品业工业增加值同比分别增长2.8%、3.9%、4.7%和6.6%，较2016年同期增速分别减少5.0个、5.0个、4.2个和1.5个百分点，增速比2017年上半年分别减少-1.3个、0.4个、1.0个和0.7个百分点。

化工产品的涨价也推动了行业盈利能力的改善。2017年1—7月，石油加工、炼焦及核燃料加工业，化学原料及化学制品制造业，化学纤维制造业，以及橡胶和塑料制品业利润同比分别增长25.1%、32.2%、54.6%和4.8%，增速较2016年同期分别加快-172.1个、19.0个、57.4个和-7.0个百分点。

表3　　　　　　　　化工行业主要指标累计增速　　　　　　单位:%

	石油加工、炼焦及核燃料加工业				化学原料及化学制品制造业			
	收入	利润	出口交货值	工业增加值	收入	利润	出口交货值	工业增加值
2016年2月	-4.6	-185.7	33.1	11.2	2.5	16.2	-0.5	8.6
2016年3月	-4.5	上年亏损	27.7	10.5	3.8	20.8	-1.1	8.8
2016年4月	-6.7	8204.8	18.9	10.1	3.6	18.3	-1.5	9.1
2016年5月	-7.6	303.9	15.0	9.2	4.2	14.7	3.4	9.5
2016年6月	-7.1	214.2	13.3	8.9	4.2	13.8	3.9	9.4
2016年7月	-7.1	197.2	16.0	8.2	4.3	13.2	4.3	9.3
2016年8月	-6.1	242.1	11.1	7.8	3.9	14.0	3.5	8.9
2016年9月	-4.9	263.8	5.3	7.7	4.2	13.1	4.3	8.7
2016年10月	-3.6	227.4	3.4	7.6	4.6	13.9	4.6	8.5
2016年11月	-2.4	215.5	6.3	7.2	5.3	14.4	4.0	8.2
2016年12月	-0.5	164.9	1.6	6.7	5.6	10.7	3.9	7.7
2017年2月	31.2	129.0	78.6	0.1	18.4	65.9	8.4	5.2
2017年3月	30.3	67.1	42.2	0.6	18.0	50.7	10.8	5.0
2017年4月	29.1	46.5	40.9	-0.1	17.1	39.7	12.6	4.7
2017年5月	27.8	37.4	34.8	1.2	16.7	36.3	14.0	4.3
2017年6月	25.6	26.7	35.1	1.5	16.3	33.1	16.0	4.3
2017年7月	24.7	25.1	33.5	2.2	15.3	32.2	14.6	4.0
2017年8月			27.8	2.8			15.1	3.9

	化学纤维制造业				橡胶和塑料制品业			
	收入	利润	出口交货值	工业增加值	收入	利润	出口交货值	工业增加值
2016年2月	-2.6	-4.0	7.6	5.4	4.1	11.0	1.9	9.0
2016年3月	0.5	1.8	7.9	6.5	5.9	13.6	4.3	8.7
2016年4月	0.5	-5.0	6.8	7.2	5.0	12.8	2.4	8.4
2016年5月	1.0	-7.5	8.6	8.1	5.2	12.4	3.2	8.3
2016年6月	1.8	-6.5	8.9	9.0	5.0	12.0	3.1	8.2
2016年7月	2.3	-2.8	8.5	9.6	4.9	11.8	2.4	8.1

续表

	化学纤维制造业				橡胶和塑料制品业			
	收入	利润	出口交货值	工业增加值	收入	利润	出口交货值	工业增加值
2016年8月	2.4	5.0	8.6	8.9	5.2	11.7	2.4	8.1
2016年9月	2.1	4.1	7.3	7.8	4.7	10.2	2.6	8.0
2016年10月	2.6	7.8	7.9	7.2	4.7	9.2	2.3	7.8
2016年11月	2.8	11.6	8.2	6.3	5.1	8.6	2.0	7.8
2016年12月	3.7	19.9	8.1	6.1	5.0	6.7	2.0	7.6
2017年2月	19.1	112.2	11.0	8.6	11.1	12.0	4.4	8.4
2017年3月	15.0	84.7	14.0	5.8	10.6	8.8	6.6	8.2
2017年4月	14.6	67.6	16.0	4.8	10.1	5.4	7.1	7.7
2017年5月	14.5	51.4	16.2	3.7	10.1	4.5	9.0	7.4
2017年6月	15.1	53.1	21.3	3.7	10.4	5.5	10.4	7.3
2017年7月	14.9	54.6	22.6	4.0	9.7	4.8	10.9	6.8
2017年8月			23.8	4.7			11.0	6.6

数据来源：国家统计局网站。

钢铁行业维持低增长。钢铁行业化解过剩产能、坚决清除"地条钢"，行业需求向正规产能转移。2017年1—8月，黑色金属矿采选业增加值同比下降2.9%，降幅比2016年同期和2017年上半年扩大2.7个和0.5个百分点；黑色金属冶炼及压延加工业增加值同比增长0.7%，较2016年同期和2017年上半年增速分别加快-0.5个和0.2个百分点。

钢铁行业利润大幅上升。2017年随着钢铁行业供给侧改革和去产能的不断推进，钢铁行业运营环境明显改善，钢铁行业利润大幅上升。2017年1—7

月,黑色金属矿采选业收入和利润同步分别增长20.1%和70.3%,而2016年全年黑色金属矿采选业收入和利润均为负增长。1—7月,黑色金属冶炼及压延加工业收入和利润同比分别增长22.7%和101.5%。在钢铁行业整体产能过剩和固定资产投资放缓的背景下,钢铁价格强势反弹是钢铁行业业绩大幅改善的主要原因。2017年钢材价格均值保持在3700元/吨左右(2016年均值为2875元/吨),同比涨幅30%左右。

钢铁行业出口显著好转。世界经济继续复苏,成为全球钢铁需求增长新动力。2017年1—8月,黑色金属矿采选业、黑色金属冶炼及压延加工业出口交货值累计增速同比分别增长100%和12.6%,而2016年全年处于负增长。

表4 钢铁行业主要指标累计增速　　　　　单位:%

	黑色金属矿采选业				黑色金属冶炼及压延加工业			
	收入	利润	出口交货值	工业增加值	收入	利润	出口交货值	工业增加值
2016年2月	-18.5	-18.5		0.3	-13.2	-72.9	-25.8	4.0
2016年3月	-14.7	-14.4	-90.0	2.2	-10.7	-15.8	-23.8	3.7
2016年4月	-12.6	-9.4	-94.1	2.4	-9.4	41.9	-19.5	2.5
2016年5月	-9.9	-10.0	-94.4	1.8	-7.5	74.8	-18.6	1.5
2016年6月	-9.7	-13.1	-95.0	1.2	-6.5	83.6	-15.6	1.6
2016年7月	-9.5	-14.5	-90.9	0.7	-5.5	131.5	-14.7	1.6
2016年8月	-9.9	-18.0	-91.7	-0.2	-4.8	209.6	-11.0	1.2

续表

	黑色金属矿采选业				黑色金属冶炼及压延加工业			
	收入	利润	出口交货值	工业增加值	收入	利润	出口交货值	工业增加值
2016年9月	-10.4	-20.0	-73.1	-1.1	-4.1	272.4	-12.3	0.7
2016年10月	-9.8	-13.9	-75.0	-1.9	-3.1	310.2	-11.7	0.3
2016年11月	-8.9	-10.0	-90.0	-2.2	-1.9	274.7	-11.1	-0.5
2016年12月	-7.7	-13.0	-93.5	-2.6	-0.7	232.3	-9.7	-1.7
2017年2月	24.4	80.5	0.0	-2.5	27.3	2109.8	17.4	-9.1
2017年3月	27.9	88.2	400.0	-2.8	26.3	358.9	20.7	1.0
2017年4月	26.1	89.2	700.0	-2.9	24.2	141.5	17.1	0.8
2017年5月	24.1	83.7	600.0	-3.1	23.3	93.5	18.9	0.4
2017年6月	22.8	76.8	700.0	-2.4	23.2	96.4	18.3	0.5
2017年7月	20.1	71.3	350.0	-2.7	22.7	101.5	15.3	0.7
2017年8月			100.0	-2.9			12.6	0.7

数据来源：国家统计局网站。

有色金属行业维持低速增长。2017年1—8月，有色金属矿采选业工业增加值同比下降4.7%，增速较2016年同期减少9.2个百分点，降幅比2017年上半年扩大1.4个百分点；有色金属冶炼及压延加工业工业增加值同比增长1.8%，增速较2016年同期和2017年上半年分别减少6.8个和0.3个百分点。

受主要有色金属产品价格大幅提升，有色金属行业效益大幅改善。2017年1—7月，有色金属矿采选业和有色金属冶炼及压延加工业收入同比分别增长9.9%和17.0%，增速比2017年第一季度分别减少6.2个和2.6个百分点，比2016年同期分别增加

4.6个和13.7个百分点。有色金属矿采选业和有色金属冶炼及压延加工业利润增速同比分别增长41.0%和45.6%,比2017年第一季度减少20.3个和48.2个百分点,比2016年同期加快38.4个和22.4个百分点。有色金属冶炼及压延加工业出口显著好转。2017年1—8月,有色金属冶炼及压延加工业出口交货值同比增长13.0%,但增速较2017年上半年减少7.4个百分点。而有色金属矿采选业出口呈现较大的波动。

表5　　　　　　　有色金属行业主要指标累计增速　　　　　　单位:%

	有色金属矿采选业				有色金属冶炼及压延加工业			
	收入	利润	出口交货值	工业增加值	收入	利润	出口交货值	工业增加值
2016年2月	-0.5	-11.4	250.0	8.3	-0.9	-12.9	-27.1	10.2
2016年3月	1.4	-6.7	55.6	7.6	2.2	-4.3	-18.2	9.7
2016年4月	2.3	-8.1	-11.1	6.7	2.6	6.6	-12.7	10.1
2016年5月	3.2	-4.9	58.3	5.9	2.5	13.4	-10.0	10.3
2016年6月	2.8	-2.5	4.7	5.3	3.0	16.8	-11.0	10.0
2016年7月	5.1	2.6	17.5	4.9	2.9	23.2	-4.8	9.4
2016年8月	5.3	3.8	21.5	4.5	3.3	31.1	-2.2	8.6
2016年9月	5.0	5.2	14.6	4.2	3.4	33.2	-1.3	8.1
2016年10月	4.9	6.2	-23.1	3.7	3.8	35.9	-3.3	7.6
2016年11月	5.1	7.6	-28.0	3.3	4.5	37.4	-3.0	6.9
2016年12月	6.4	9.7	-28.8	2.5	5.5	42.9	-2.0	6.2
2017年2月	17.4	72.2	-22.2	-1.8	18.2	123.0	29.3	-0.4

续表

	有色金属矿采选业				有色金属冶炼及压延加工业			
	收入	利润	出口交货值	工业增加值	收入	利润	出口交货值	工业增加值
2017年3月	16.1	61.3	11.5	-2.2	19.6	93.8	27.3	1.5
2017年4月	14.4	61.2	-12.1	-2.5	19.4	74.5	23.9	1.5
2017年5月	13.4	52.3	-34.5	-2.7	17.9	57.5	19.9	1.7
2017年6月	12.1	44.8	0.0	-3.3	17.7	52.7	20.4	2.1
2017年7月	9.9	41.0	-21.9	-4.2	17.0	45.6	15.0	2.0
2017年8月			-37.9	-4.7			13.0	1.8

数据来源：国家统计局网站。

建材行业低位运行。随着全国投资增速的再次回落，使建材投资驱动类产品增长速度再次回落，陷入低增长通道。2017年1—8月，非金属矿采选业和非金属矿物制品业工业增加值同比分别增长2.2%和4.7%，较2017年上半年分别减少1.5个和0.8个百分点，比2016年同期分别减少3.0个和2.5个百分点。

建材行业经济效益增长显著。在建材主要产品中，水泥出厂价格上涨明显，是推动水泥行业乃至建材行业利润快速增长的主要原因。2017年1—7月，非金属矿采选业收入和利润同比分别增长6.2%和10.0%，增速较2017年上半年分别减少1.5个和2.2个百分点，比2016年同期分别加快1.2个和6.5个百分点。非金属矿物制品业收入和利润保持两位数增长；2017年1—7月，非金属矿物制品业收入和利润同比分别增长12.6%和25.1%,比2017年上半年分别减少0.6个和0.3个百分点,比2016年同期分别增加8.0个和17.3个百分点。2017年1—8月,非金属矿物制品业出口已由2016年的下降转变为增长,非金属矿采选业出口交货值呈现较大波动。

表6 非金属矿采选业和非金属矿物制品业主要指标累计增速 单位:%

	非金属矿采选业				非金属矿物制品业			
	收入	利润	出口交货值	工业增加值	收入	利润	出口交货值	工业增加值
2016年2月	4.3	2.4	-50.0	5.3	1.4	-3.8	-4.1	6.0
2016年3月	4.0	4.1	-27.8	5.7	3.6	-0.2	-3.4	7.6
2016年4月	3.9	1.9	3.8	5.8	4.0	0.9	-3.1	8.1
2016年5月	5.4	4.6	11.1	5.8	4.7	4.1	-3.2	8.1
2016年6月	5.4	4.8	19.0	5.3	4.6	5.8	-0.1	7.8
2016年7月	5.0	3.5	10.0	5.3	4.6	7.8	-0.6	7.6
2016年8月	4.8	2.0	13.7	5.2	4.6	9.1	-1.0	7.2
2016年9月	3.5	-0.5	11.5	4.9	4.5	9.3	-1.8	6.9
2016年10月	2.4	-1.6	14.8	4.5	4.6	9.8	-3.3	6.8
2016年11月	1.8	-4.1	31.5	4.3	5.1	11.3	-3.8	6.7
2016年12月	1.4	-6.5	-5.2	4.3	5.4	11.2	-3.2	6.5
2017年2月	5.3	7.6	13.0	4.1	11.0	20.5	6.2	5.8
2017年3月	7.2	8.8	2.4	3.4	12.3	25.6	7.7	6.2
2017年4月	6.6	8.2	43.5	3.4	12.4	26.8	8.7	6.2
2017年5月	6.5	7.4	-9.1	3.8	12.8	26.2	8.6	5.9
2017年6月	7.7	12.2	-2.8	3.7	13.2	25.4	7.9	5.5
2017年7月	6.2	10.0	30.1	2.9	12.6	25.1	8.5	5.2
2017年8月			-12.6	2.2			7.7	4.7

数据来源:国家统计局网站。

2. 装备工业

机械行业保持较高增长。2017年1—8月，除铁路、船舶、航空航天和其他运输设备制造业，金属制品业增加值增速保持个位增长以外，通用设备制造业，专用设备制造业，仪器仪表制造业，金属制品、机械和设备修理业，电气机械及器材制造业增加值同比分别增长11.1%、12.1%、12.7%、11.5%和10.4%，增速比2016年同期分别加快6.5个、6.7个、4.7个、0.9个和1.6个百分点，增速比2017年上半年分别加快-0.1个、0.1个、0.2个、-1.0个和0.7个百分点。

经济效益分化。因部分企业产品升级、智能化产品快速发展，通用设备制造业、专用设备制造业、仪器仪表制造业、金属制品业、电气机械及器材制造业效益表现突出。1—7月，通用设备制造业、专用设备制造业、仪器仪表制造业、金属制品业、电气机械及器材制造业利润同比分别增长18.1%、22.6%、29.6%、8.1%和8.7%，增速较2016年同期分别加快18.4个、15.5个、22.6个、-1.0个和-7.6个百分点，比2017年上半年增速分别减少0.8个、2.8个、2.5个、0.1个和-1.0个百分点。铁路、船舶、航空航天和其他运输设备制造业，金属制品、机械和设备修理业利润表现不如人意。2017年1—7月，铁路、船舶、航空航天和其他运输设备制造业，金属制品、机械和设备修理业利润同比分别下降1.2%和3.1%。

对外贸易增速明显回升。2017年1—8月,除铁路、船舶、航空航天和其他运输设备制造业外,通用设备制造业,专用设备制造业,仪器仪表制造业,金属制品业,金属制品、机械和设备修理业,电气机械及器材制造业出口交货保持较高的增长。通用设备制造业,专用设备制造业,仪器仪表制造业,金属制品业,金属制品、机械和设备修理业,电气机械及器材制造业出口交货值同比分别增长8.2%、9.8%、12.0%、10.1%、58.0%和9.4%,比2016年同期分别加快11.6个、5.5个、8.8个、13.5个、44.6个和6.2个百分点。

表7 机械行业主要指标累计增速 单位:%

	通用设备制造业				专用设备制造业			
	收入	利润	出口交货值	工业增加值	收入	利润	出口交货值	工业增加值
2016年2月	1.3	-1.1	-8.8	3.9	4.9	12.8	3.8	3.5
2016年3月	1.8	1.3	-6.6	4.8	5.8	8.4	1.8	3.8
2016年4月	1.7	0.7	-5.7	4.5	4.8	2.3	0.9	4.1
2016年5月	2.6	2.0	-6.3	4.4	5.2	2.3	0.7	4.5
2016年6月	2.6	1.0	-4.1	4.5	5.1	6.8	2.7	4.9
2016年7月	2.5	-0.3	-4.1	4.4	5.2	7.1	2.7	5.0
2016年8月	2.6	0.6	-3.4	4.6	5.2	7.5	4.3	5.4
2016年9月	2.2	-0.8	-3.7	4.9	4.7	5.8	3.9	5.7
2016年10月	2.4	0.2	-3.1	5.3	4.6	1.4	3.1	6.0
2016年11月	2.7	1.0	-2.0	5.7	4.8	3.5	2.4	6.5

续表

	通用设备制造业				专用设备制造业			
	收入	利润	出口交货值	工业增加值	收入	利润	出口交货值	工业增加值
2016年12月	2.9	0.2	-1.9	5.9	4.9	2.1	3.2	6.7
2017年2月	11.5	23.3	6.1	10.6	10.7	19.8	12.9	11.5
2017年3月	11.3	22.2	8.0	10.6	11.5	22.1	13.6	12.4
2017年4月	11.3	20.0	7.2	10.7	11.4	24.4	14.3	12.2
2017年5月	11.8	18.2	8.7	10.8	11.7	25.1	15.5	12.0
2017年6月	12.4	18.9	8.8	11.2	13.0	25.4	8.8	12.0
2017年7月	11.8	18.1	8.7	11.2	12.4	22.6	8.8	12.1
2017年8月			8.2	11.1			9.8	12.1

	铁路、船舶、航空航天和其他运输设备制造业				仪器仪表制造业			
	收入	利润	出口交货值	工业增加值	收入	利润	出口交货值	工业增加值
2016年2月	2.4	2.5	1.8	5.2	4.7	4.9	-3.1	5.4
2016年3月	1.8	0.1	1.2	4.4	6.3	7.7	1.7	6.7
2016年4月	1.0	3.0	-3.4	4.2	5.8	7.2	2.8	6.7
2016年5月	2.4	6.1	-4.6	4.5	7.0	8.4	3.1	7.3
2016年6月	2.9	5.6	-3.6	4.4	6.5	6.6	2.6	7.4
2016年7月	2.3	5.5	-4.8	4.2	6.7	7.0	2.6	7.5
2016年8月	2.1	1.9	-4.9	4.2	7.2	8.4	3.2	8.0
2016年9月	1.7	1.7	-5.0	4.2	7.3	10.1	3.1	8.2
2016年10月	1.0	0.8	-4.3	4.1	7.7	10.2	2.8	8.4
2016年11月	1.0	2.1	-4.8	3.8	8.4	11.1	2.9	9.0
2016年12月	0.9	4.8	-5.7	3.2	9.1	8.2	2.3	9.4
2017年2月	0.1	-10.9	-10.6	3.2	12.9	19.3	11.4	11.4
2017年3月	3.0	1.2	-6.9	4.1	12.9	21.7	11.4	12.6
2017年4月	4.2	1.9	-5.0	5.0	13.4	23.8	12.3	12.3
2017年5月	4.7	1.9	-2.2	5.3	13.8	36.5	12.6	12.0
2017年6月	5.7	2.1	-2.6	5.2	14.8	32.1	14.6	12.5
2017年7月	5.5	-1.2	-1.0	5.1	15.1	29.6	13.3	12.5
2017年8月			0.0	5.1			12.0	12.7

续表

	金属制品业				金属制品、机械和设备修理业			
	收入	利润	出口交货值	工业增加值	收入	利润	出口交货值	工业增加值
2016年2月	2.6	4.4	-9.3	8.2	20.9	29.2	9.1	17.5
2016年3月	3.4	6.2	-7.3	8.3	21.0	30.6	18.2	17.3
2016年4月	3.6	6.8	-6.8	8.6	21.4	19.5	20.4	16.1
2016年5月	4.7	9.5	-5.9	8.6	17.6	21.5	20.2	15.7
2016年6月	4.8	8.6	-5.1	8.7	15.3	7.4	19.8	14.2
2016年7月	4.8	9.1	-4.3	8.8	12.2	3.5	15.6	12.7
2016年8月	5.1	9.6	-3.4	9.0	10.2	3.1	13.4	10.6
2016年9月	4.6	7.6	-3.7	8.8	8.4	5.5	9.7	9.3
2016年10月	4.7	6.9	-3.5	8.7	6.8	-7.0	9.3	8.5
2016年11月	5.0	6.1	-3.0	8.5	3.7	-19.3	8.7	7.0
2016年12月	4.9	4.0	-2.4	8.2	4.1	-21.1	7.8	6.5
2017年2月	10.5	10.4	12.9	8.4	5.6	4.0	15.1	2.3
2017年3月	11.5	10.8	15.1	8.7	5.9	6.5	11.5	9.5
2017年4月	10.8	9.5	12.5	8.3	4.7	4.3	19.9	12.0
2017年5月	11.0	7.8	11.9	8.1	9.1	-5.9	22.0	12.9
2017年6月	11.6	8.0	10.9	8.3	-3.5	-9.1	62.1	12.5
2017年7月	11.0	8.1	10.3	7.9	-1.8	-3.1	57.6	11.2
2017年8月			10.1	7.4			58.0	11.5

数据来源：国家统计局网站。

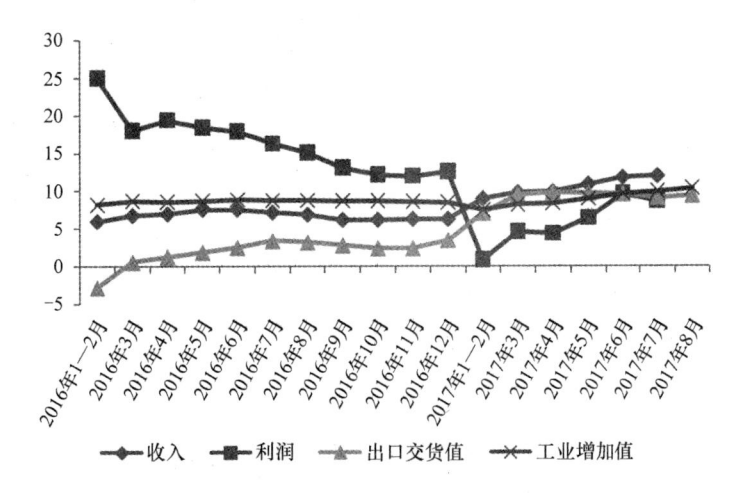

图11 电气机械及器材制造业主要指标累计增速（单位:%）

数据来源：国家统计局网站。

汽车制造业持续高位增长。2017年1—8月，汽车制造业工业增加值同比增长13.1%，较2017年上半年持平，较2016年同期增速减少0.3个百分点。

汽车制造业效益向好。2017年1—7月，汽车制造业收入和利润累计同比增长分别为11.8%和11.9%，比2017年上半年加快了-0.2个和0.2个百分点；比2016年同期增速分别提高-0.5个和0.9个百分点。受外围市场回暖等因素的影响，1—8月，汽车制造业出口交货值同比增长14.5%，比2017年上半年减少了2.4个百分点，比2016年同期大幅增加了10.5个百分点。

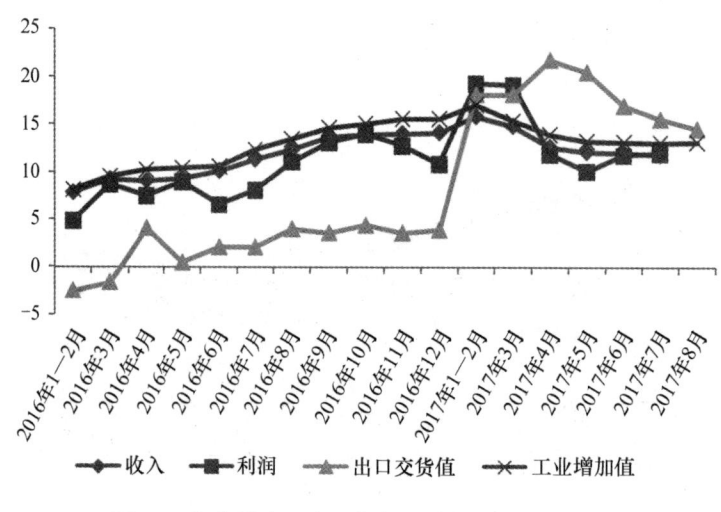

图12 汽车制造业主要指标累计增速（单位:%）

数据来源：国家统计局网站。

3. 消费品工业

纺织服装行业增长分化。从工业增加值来看，2017年1—8月，纺织业增加值同比增长4.4%，增速较2016年同期减少2.2个百分点，较2017年上半年减少0.1个百分点。而纺织服装、服饰业，皮革、毛皮、羽毛及其制品和制鞋业工业增加值同比分别增长6.3%、5.3%，较2017年上半年分别减少0.5个、0.3个百分点，较2016年同期增速分别减少1.8个和2.0个百分点。从利润来看，2017年1—7月，纺织业利润同比增长5.4%，增速比2016年同期减少0.7个百分点；值得注意的是，2017年1—7月，纺织业收入同步增长8.4%，增速较2016年同期加快4.6个百分点，纺织业出现了"增收不增利"的现象。而纺织服装、服饰业，皮革、毛皮、羽毛及其制品和制鞋业利润同比分别增长12.0%和10.2%，比2016年同期增速分别增加5.5个和11.3个百分点。从出口交货值看，2017年1—8月，纺织业，皮革、毛皮、羽毛及其制品和制鞋业出口交货值同比分别增长4.2%和6.8%，增速较2016年同期分别增加3.9个和7.3个百分点。纺织服装、服饰业出口虽摆脱了负增长态势，但仍处于较低增长。2017年1—8月，纺织服装、服饰业出口交货值同比增加1.3%，较2017年上半年减少1.7个百分点，较 2016 年同期增加 1.1 个百分点。

表8　　　纺织业和纺织服装、服饰业主要指标累计增速　　　单位:%

	纺织业				纺织服装、服饰业			
	收入	利润	出口交货值	工业增加值	收入	利润	出口交货值	工业增加值
2016年2月	5.0	7.0	-3.1	7.9	6.3	11.5	-1.0	5.3
2016年3月	5.1	6.7	0.2	7.7	6.7	6.9	-0.6	5.2
2016年4月	4.3	6.8	—	7.5	6.1	7.1	-0.2	5.3
2016年5月	4.9	6.9	0.7	7.4	6.3	7.3	-0.2	5.2
2016年6月	4.5	7.5	1.1	7.3	5.9	7.7	-0.3	4.9
2016年7月	4.2	6.1	0.1	6.9	6.0	6.5	0.2	4.7
2016年8月	4.1	5.8	0.3	6.6	5.9	6.2	0.2	4.5
2016年9月	3.8	4.2	—	6.2	5.5	2.6	-0.8	4.2
2016年10月	4.0	4.3	0.5	6.1	5.3	3.8	-1.8	4.0
2016年11月	4.2	4.4	0.9	5.9	4.9	3.6	-1.9	3.9
2016年12月	3.9	3.5	0.3	5.5	4.6	2.4	-2.6	3.8
2017年2月	9.1	4.6	5.5	4.1	6.6	5.4	-0.6	5.6
2017年3月	9.1	5.8	5.7	4.3	7.4	10.1	1.9	6.2
2017年4月	9.1	5.3	5.6	4.2	7.5	9.0	2.5	6.2
2017年5月	9.3	5.3	5.8	4.4	7.7	9.4	2.7	6.5
2017年6月	9.4	5.1	4.6	4.5	8.0	12.0	3.0	6.8
2017年7月	8.8	5.4	3.8	4.5	7.5	12.0	2.2	6.6
2017年8月			4.2	4.4			1.3	6.3

数据来源:国家统计局网站。

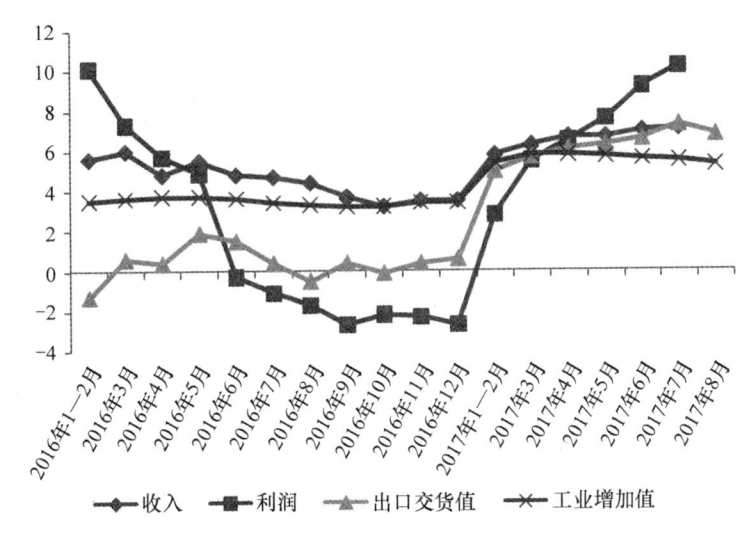

图13 皮革、毛皮、羽毛及其制品和制鞋业主要指标累计增速（单位:%）

数据来源：国家统计局网站。

食品行业增长态势较好。2017年1—8月，农副食品加工业，食品制造业，酒、饮料和精制茶制造业工业增加值同比分别增长6.9%、8.6%和9.3%，较2016年同期增速分别增长0.2个、-0.4个和2.5个百分点。需要说明的是，烟草制品业工业增加值增速结束了2016年的负增长态势，1—8月取得了2.5%增长。

食品行业经济效益增速分化。2017年1—7月，农副食品加工业和食品制造业利润同比分别增长5.7%和8.1%，增速比2016年同期分别减少4.5个和5.1个百分点；酒、饮料和精制茶制造业利润同比增长14.5%，比2016年同期大幅增加11.0个百分点；烟草制品业利润同比下降9.1%，降幅较比

2016年同期收窄 8.2 个百分点。

食品行业出口增速呈现回落态势，食品行业出口形势依然不容乐观。2017 年 1—8 月，除农副食品加工业出口交货值同比增速略有提升外，食品制造业，酒、饮料和精制茶制造业出口交货值同比分别增长 5.7% 和 1.5%，较 2016 年同期分别减少 3.2 个和 10.7 个百分点，较 2017 年上半年分别减少了 2.4 个和 5.3 个百分点。烟草制品业出口交货值同比下降 4.5%，降幅较 2017 年上半年和 2016 年同期分别扩大 0.3 个和 4.1 个百分点。

表9　　　　食品行业主要指标累计增速　　　　单位:%

	农副食品加工业				食品制造业			
	收入	利润	出口交货值	工业增加值	收入	利润	出口交货值	工业增加值
2016 年 2 月	5.1	14.9	4.2	6.1	8.2	14.8	12.4	9.2
2016 年 3 月	5.1	12.1	3.1	5.6	7.5	17.5	10.4	8.6
2016 年 4 月	4.6	12.2	4.2	6.1	7.3	17.6	10.6	8.8
2016 年 5 月	5.7	11.7	5.0	6.2	7.8	15.1	10.5	8.7
2016 年 6 月	5.6	10.5	5.0	6.0	7.9	13.4	10.2	8.7
2016 年 7 月	5.7	10.2	4.8	5.9	7.8	13.2	8.2	8.9
2016 年 8 月	5.7	9.9	3.9	5.9	7.9	12.8	8.9	9.0
2016 年 9 月	5.5	7.9	4.3	5.9	7.8	12.2	8.2	8.9
2016 年 10 月	5.3	7.7	3.4	6.0	7.9	11.6	7.7	8.9
2016 年 11 月	5.6	6.3	2.6	6.1	7.9	11.7	6.6	8.8
2016 年 12 月	6.0	5.5	1.8	6.1	8.0	8.2	6.0	8.8
2017 年 2 月	9.3	9.7	3.2	6.3	8.9	7.1	9.9	7.7
2017 年 3 月	9.7	9.7	6.4	6.9	8.7	5.5	9.5	8.7

续表

	农副食品加工业				食品制造业			
	收入	利润	出口交货值	工业增加值	收入	利润	出口交货值	工业增加值
2017年4月	9.4	8.4	6.4	7.3	9.0	8.1	8.2	8.8
2017年5月	9.3	7.5	6.0	7.3	9.1	7.5	6.5	8.5
2017年6月	9.4	6.6	6.3	7.3	9.5	9.7	8.1	9.0
2017年7月	8.4	5.7	5.8	7.1	9.2	8.1	7.9	8.7
2017年8月			5.6	6.9			5.7	8.6

	酒、饮料和精制茶制造业				烟草制品业			
	收入	利润	出口交货值	工业增加值	收入	利润	出口交货值	工业增加值
2016年2月	7.5	11.8	21.5	7.4	-13.1	-17.0	21.4	-15.6
2016年3月	6.7	12.0	13.4	7.2	-11.1	-17.0	43.3	-13.4
2016年4月	5.5	5.0	9.4	6.3	-9.5	-18.1	29.1	-12.9
2016年5月	5.6	3.0	7.8	6.1	-11.7	-24.0	9.0	-12.0
2016年6月	5.1	3.6	9.2	6.3	-9.4	-17.6	4.4	-10.9
2016年7月	5.4	3.8	12.4	6.4	-9.5	-17.3	-2.3	-10.9
2016年8月	5.5	4.8	12.2	6.8	-9.2	-20.3	-0.4	-10.0
2016年9月	6.0	4.8	10.9	7.1	-9.4	-20.7	-5.1	-10.8
2016年10月	5.5	4.6	14.5	7.4	-8.9	-20.3	-3.4	-10.6
2016年11月	5.9	5.4	2.4	7.7	-8.3	-19.4	2.1	-10.3
2016年12月	6.3	5.0	0.6	8.0	-7.1	-15.0	2.5	-8.3
2017年2月	9.3	12.8	-5.3	9.4	-3.5	-8.2	57.1	-5.3
2017年3月	9.2	11.8	-3.5	9.7	-1.3	-7.0	-21.0	0.2
2017年4月	9.2	13.6	-2.7	9.7	-2.0	-9.1	-9.4	0.4
2017年5月	9.7	13.9	5.5	9.5	1.3	-1.4	2.7	0.5
2017年6月	10.4	14.2	6.8	9.8	-0.6	-8.4	-4.2	1.6
2017年7月	9.9	14.8	2.6	9.6	0.8	-9.1	-1.0	2.0
2017年8月			1.5	9.3			-4.5	2.5

数据来源：国家统计局网站。

医药制造业保持高位增长。一般认为，医药制造业是逆经济周期行业，经济越不景气，医药需求越大，而医药制造业增长速度越快。2017年1—8月，医药制造业工业增加值同比增长11.7%，较2016年同期增速增加了1.1个百分点。

医药制造业效益表现积极。2017年1—7月，医药制造业主营业务收入和利润同比分别增长9.7%和15.3%，增速较2017年上半年提升了-0.3个和1.7个百分点，增速较2016年同期增速分别加快1.9个和4.8个百分点。1—8月，医药制造业出口交货值同比增长8.0%，增速较2017年上半年增加了0.8个百分点，但是较2016年全年增速减少0.2个百分点。

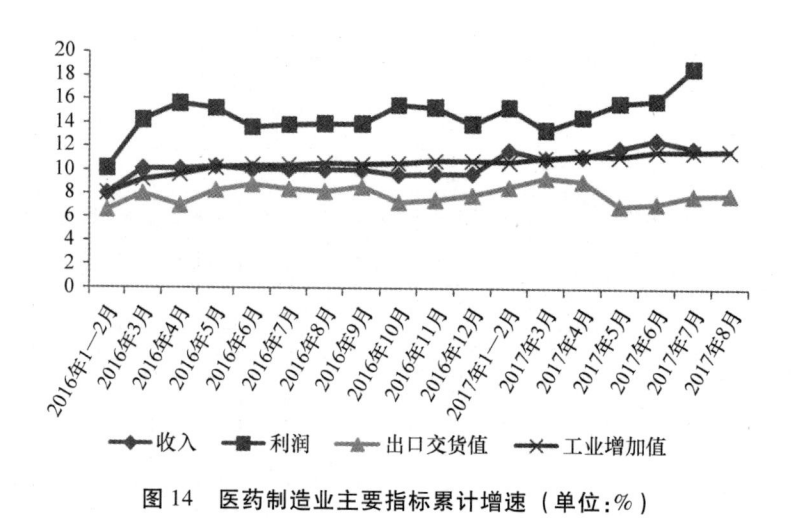

图14 医药制造业主要指标累计增速（单位:%）

数据来源：国家统计局网站。

当前，中国工业经济总体呈现积极向好态势。

但也要看到，国际环境不稳定不确定因素仍然存在，国内经济正处在结构调整的过关期，仍面临不少隐忧和挑战。短期内工业企业成本攀升态势值得注意。2017年1—7月，中国工业企业每百元主营业务收入中的成本为85.72元，较1—2月的84.91元上涨了0.81元。究其原因主要是去产能等因素影响，中国多数基础工业产品的价格出现大幅上涨的态势。1—8月，工业生产者出厂价格同比增长6.3%，工业生产者购进价格同比增长7.7%（而2016年工业生产者出厂价格增速高于工业生产者购进价格增速），购进价格增长快于出厂价格增长导致的直接结果是中国工业企业的主营业务成本呈现不断上升。

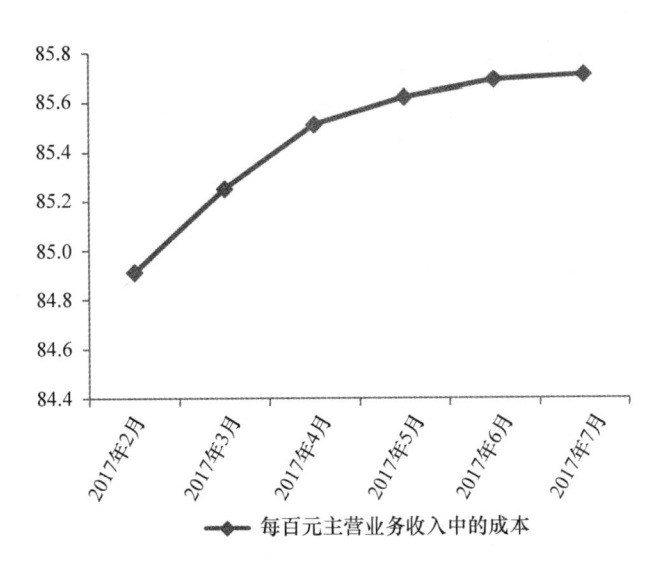

图15　2017年以来工业企业主营业务成本（单位：元）

二 2017年工业运行景气分析与预测

为了达到直观了解工业经济发展的状况的目的,本报告选用包含工业经济发展状况的可得的原始数据进行合成,进而得到反映工业经济形势的综合指标,即合成指数。根据先行指数和一致指数显示:与2016年呈现的波动稳定性不足不同,2017年1—8月,工业经济增长趋稳态势显著,但是滞后指数出现较大波动显示这种走高势头微弱。模型预测结果显示,2017年规模以上工业增加值增速为6.0%—6.5%的概率很大。

(一)工业经济景气分析

1. 合成指数的形成过程

原始数据的处理。使用合成指数需要对原始数据的"冗余"信息(即与本报告的目的不相关的信息）进行剔除。为了剔除这些"冗余"信息，需要从原始数据中识别这些冗余信息。第一，原始数据有高频数据和低频数据之分，高频数据有日数据、周数据和月度数据之分。本报告最终的标的是月度数据，所以包含的日度信息和周度信息对我们而言就是"冗余"信息，这就需要对数据进行降频处理。第二，原始数据有产量数据和价值量数据之分，价值量受价格变化的影响，导致数据序列内部的不可比性，因此为了精确刻画工业经济发展趋势需要剔除价格变化导致的数据不可比性。第三，移动假日效应的影响。由于传统节日春节按阴历年计算，而统计数据按阳历年计算，导致不同的年份，春节出现在不同的阳历月中。春节，作为一个节假日有着强烈的节假日效应：生产暂停，闲暇增多，消费剧增，所有的经济活动表现异于常态。这样月度数据里面不免多出了"节假日效应"这种"冗余"信息。当数据是增速数据时，以上三种信息是本报告主要处理的"冗余"信息，但当使用量值数据的时候，还需要处理由于年内周期变化形成的季节信息。然而由于季节信息与移动假日信息有重合的部分，所以在处理上一般先剔除影响较大的移动假日信息，然后再进行季节调整。本报告使用降频调整，价格调整和移动假日调整方法来剔除由以上三种原因带来的"冗余"信息。

指标的筛选。筛选指标的目标是选取最能反映工业经济形势走势的原始数据，我们需要三类指标：具有工业经济发展状态的一致指数；具有预测一致指数的先行指数，以及本报告比较关心的滞后指数。目前为止，有多种筛选指标的方法，比如峰谷对齐法、时差相关系数法、K－L信息量法、回归分析等，本报告使用时差相关系数法选取指标。

相关分析是研究不同变量之间密切程度的一种常用的统计方法，是研究两个或两个以上变量之间相关程度大小以及用一定函数来表达现象相互关系的方法。相关关系是两个现象数值变化不完全确定的随机关系，是一种不完全确定的依存关系，简称相关关系。相关关系是相关分析的研究对象。其目的是对客观经济现象之间关系的密切程度和变化规律性做出定量分析。相关关系的密切程度通过计算相关系数来描述变量之间的关联度，即相关系数是描述两个变量间的线性关系程度和方向的统计量，通常用 r 表示，没有单位，其值在 -1 与 $+1$ 之间。r 的绝对值越接近1，两变量间线性相关程度越大。若 r 大于0称为正相关，其变量 Y 随着变量 X 的增加而增加；若 r 小于0称为负相关，其变量 Y 随着变量 X 的增加而减少。

时差相关系数法以相关系数的原理基础，打破时间限制形成的两个变量相关系数按时间变量排列的序列。这个序列可以显示两个变量不同时间的相关系数大小，借此选择相关系数最大的时差，以此判断该指标是先行指标、一致指标还是滞后指标。

指标的合成。合成指数可以采取不同方法进行编制，有美国商务部的合成指数法、日本经济企划厅引进的合成指数法，以及经济合作与发展组织（OECD）的合成指数法。其中，日本经济企划厅合成指数法的基本思想与美国商务部是一致的，方法上略有不同，而 OECD 合成指数法是专门针对先行合成指数研制的，更注重先行指数的作用，相比于前两种方法更简单。此处介绍国际上通用的美国商务部合成指数法。中国开发景气指数的文献，基本都是用的这一合成方法。

第一步：求指标的对称变化率并将其标准化。

（1）设指标 $Y_{ij,t}$ 为第 i 个指标组中的第 j 个指标在 t 时刻的值，$i=1,2,3$ 分别代表先行、一致、滞后指标组，$j=1,2,3,\cdots,k_i$ 代表组内指标，k_i 为第 i 指标组的指标个数。首先对 $Y_{ij,t}$ 求对称变化率 $C_{ij,t}$，$t=2,3,\cdots,n$。

（2）为了防止变动幅度大的指标对合成指数造成重大影响，各指标的对称变化率 $C_{ij,t}$ 都被标准化，使其平均绝对值等于1。首先求标准化因子A_{ij}，用A_{ij}将$C_{ij,t}$标准化，得到标准化变化率$S_{ij,t}$，$t=2$，3，…，n。

第二步：求各指标组的标准化平均变化率。

（1）求出先行、一致、滞后指标组的平均变化率$R_{i,t}$，$i=1$，2，3；$t=2$，3，…，n。

其中w_{ij}是第i指标组的第j个指标的权重。合成指数中权重的设定一般使用等权重。可以使用评分系统确定权重，按照经济意义、统计充分性、与历史的一致性、公布的适时性等多方面为各个指标打分，然后为每个指标赋权重，如果不是按照这一步骤，权重就具有较大的随意性和主观性，还不如用等权。为了使3个指标组的合成指数之间的数值一致，还需用各指标组的平均变化率除以指数组间的标准化因子，计算得到各指标组的标准化平均变化率。

（2）计算指数组间的标准化因子F_i，$i=1$，2，3。

（3）计算标准化平均变化率$V_{i,t}$，$t=2$，3，…，n。

第三步：计算合成指数。

（1）令$I_i(1)=100$，则$i=1$，2，3；$t=2$，3，…，n。

（2）制成以基准年份为100的合成指数，其中

I_i 是 $I_{i,t}$ 在基准年份的平均值。

通过上述方法对先行、一致、滞后3个指标组中的指标分别进行加总合成计算出先行、一致、滞后合成指数。

运用合成指数进行经济景气分析时，可以通过动态曲线图，合成指数综合了各指标的波动状态，可以预示经济波动的转折。

2. 2017年1—8月景气指数分析

先行指数显示，2017年1—8月景气度小幅回升趋稳态势。2017年延续了2016年年底先行指数景气度不断回调态势，2017年2月，先行指数景气度达到了0.34，3月，先行指数景气度有所回落，之后的几个月，先行指数则呈现波动中走高的态势，2017年8月先行指数景气度升至0.40。一致指数则呈现走低趋稳的趋势。一致指数景气度一度提高到2月的0.53，随后景气度回落至0.34附近（见图16）。不过滞后指数（主要包含出口信息和价格信息）则显示这种增长蕴含着风险，2017年1—5月，滞后指数景气度主要徘徊在零以下，6月、7月和8月的滞后指数分别为0.30、0.07和0.19，波动程度也较大，预示着未来一段时间工业经济增长不确定性增加。

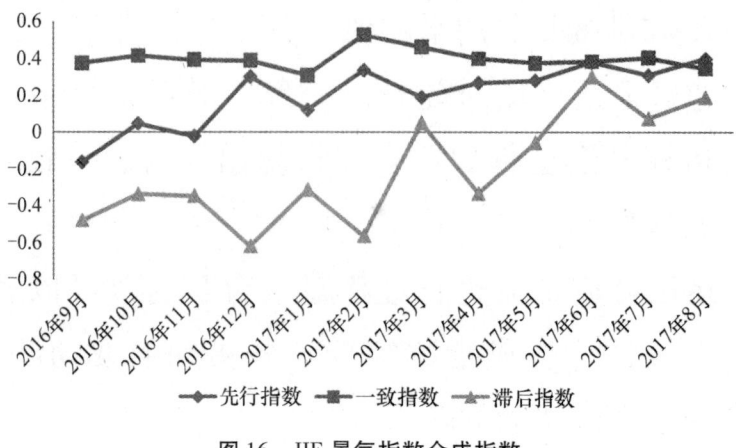

图 16　IIE 景气指数合成指数

（二）内外部环境分析

从 2017 年 1—8 月内外部经济环境看，外部需求趋于好转但仍处于相对萎缩态势，内部需求有所增长，但支撑经济持续向好仍压力较大，中国工业经济形势依然较为复杂、变数较多。

1. 国际经济环境分析

从国际经济环境看，世界经济形势依然面临诸多变数，彻底摆脱低谷仍需较长时期，中国工业经济外部环境在一定时期内仍然较为严峻。

首先，世界经济继续改善，但不确定因素较多，基础仍不牢固。前三个季度，世界经济延续复苏态势，市场预期有所改善，世界银行《全球经济展望》预计，2017 年全球经济增速将从 2016 年的 2.4% 回升到 2.6%。但是，各国经济增长态势出现分化，美国、欧盟、日本等发达经济体同步回暖，俄罗斯、印度等新兴经济体处于扩张态势，中东地区政治日趋不稳定，非洲、拉美地区复苏能力下降。另外，逆全球化思潮抬头，贸易保护主义倾向上升，失业、收入差距扩大，主要经济体退出宽松货币政策意愿增强，欧洲银行业危机、地区冲突加剧等多种不确定性因素和风险持续震荡，世界经济复苏依然乏力。

表10　　　　2017年6—8月主要经济体PMI情况

经济体	6月	7月	8月
美国	57.8	56.3	58.8
欧元区	57.4	56.6	57.4
英国	54.3	55.1	56.9
日本	52.4	52.1	52.2
澳大利亚	55.0	56.0	59.8
韩国	50.1	49.1	49.9
俄罗斯	50.3	52.7	51.6
印度	50.9	47.9	51.2
巴西	50.5	50.0	50.9
南非	42.9	39.4	44.1

数据来源：CEIC。

一方面，主要发达经济体同步回暖。一是美国经济延续金融危机后的温和复苏态势。2017年上半年，美国经济增速1.9%，低于2016年同期0.3个百分点，工业生产温和增长，企业投资摆脱低迷，国内消费需求较为旺盛，进出口增速有所提升，但贸易赤字扩大趋势仍难以有效阻挡，局部贸易冲突不断。2—5月，美国新开工房屋数量环比增速连续负增长，对经济发展产生负面影响。第二季度，美国失业率围绕4.3%波动，长期保持低位运行，资本替代作用加强，劳动市场未来改善空间较小。股票价格持续攀升，实际利率低于自然利率，实体经济疲软伴随着资产价格持续上升，资产泡沫风险有所抬头。美联储年内再次加息，受制于失业率较低影响以及资产价格走高态势，后期收紧货币政策、收缩资产负债表压力较大，将使全球流动性紧张、资产价格承压。从重要经济政治事件看，特普朗政府上台后宣布退出TPP、废除奥巴马政府的医疗法案、收紧移民政策等多种政治举措，而其主张的减税、基建、放松监管等一系列经济刺激政策尚未得到有效落实，财政刺激政策不明朗，以上事件或将对世界经济产生严重负面影响。二是欧元区经济增长稳健，经济复苏基础趋于稳固，经济下行风险减弱。欧洲中央银行预测，2017年欧元区经济增速将达2.2%，为十年来最快增速。第二季度PMI平均扩张速度达6年来最快增长水平，表明企业需求持续扩大，企业活动呈扩张态势。失业率持续下降，5月失业率为9.3%，为2009年以来最低水平。消费者信心指数逐步提高，消费支出基本面支撑良好，居民消费对欧元区经济增长贡献较为稳定。欧元区此前曾多次降至负值的超低通胀率正在逐步改善，欧洲央行退出量化宽松压力趋于减弱，9月召开的货币政策会议决定维持现有利率水平和超宽松货币政策不变。但是，一些欧元区成员国中，银行资产负债表薄弱、盈利前景不明朗，或与某些政治风险形成相互作用，金融稳定风险需持续关注。从重要经济政治事件看，主要成员国大选的政治风险逐步消退，法国总统大选马克龙最终获胜，意大利地方选举中反欧五星运动惨败，德国大选结束默克尔连任，欧元区政治经济不确定性风险下降，形势逐渐明朗，有利于欧盟稳定性的巩固。三是日本经济持续温和扩张。第二季度日本国内生产总值折合年率环比增长4%，工业生产保持良好态势，投资需求增强，消费需求回暖，失业率依然处于历史低位，5月，进出口增长率分别为17.8%、14.9%，为近年来较高水平。因通胀率较官方目标2%仍差距较大，7月，日本央行决定继续维持现行宽松的货币政策和积极的财政政策。但是，日本老龄化问题逐步加深，正面临着越来越严重的劳动力短缺问题，将对日本经济产生负面影响。

另一方面，主要新兴经济体有所分化。一是俄罗斯经济复苏稳步推进。俄罗斯经济运行总体平稳，通货膨胀逐步放缓，消费萎缩态势得到初步控制和扭转。4月以来，俄罗斯央行不断下调基准利率，后续或将实行宽松货币政策。5月，国际货币基金组织表示，由于油价走高，预计2017年俄罗斯经济增长1.4%。虽然俄罗斯经济实现微弱增长，但其经济结构并未发生明显变化，石油和天然气仍是其最重要的收入来源，未来数年俄罗斯仍然无法摆脱能源经济的既有模式。另外，为应对西方国家因乌克兰危机而对俄采取的经济制裁，俄罗斯政府积极倡导进口替代政策，政策成效初显，但在西方发达国家制裁的背景下，俄罗斯进口替代的技术起点受到严重制约和限制。二是巴西经济状况不稳定。巴西经济波动前行，工业生产4月同比下降4.5%、5月同比增加4.0%。进出口表现良好，上半年，出口累计同比增长19.4%，进口累计同比增长7.4%，贸易顺差同比增长53.1%，为历史最高水平，主要原因为原油、铁矿石、大豆等对外出口实现快速增长，为经济增长提供较大发展动力。为支撑市场信心，上半年，巴西央行两次下调基准利率，后续仍存在进一步降息可能。但是，受制于巴西政治局势的不稳定性，包括总统贿赂丑闻事件等对经济发展和改革带来一定负面影响，后续不确定性依然较大。三是印度经济保持向好态势。联合国预计2017年印度经济增长将达到7.7%，仍将是全球经济增速最快的国家，这主要归功于印度强劲的内需需求以及逐步推进的国内各项改革。5月，印度通货膨胀率降至2.2%，为2012年以来最低水平，若经济出现放缓迹象，印度央行将进一步采取降息政策。为统一税制，印度实施最大规模的税制改革即商品与服务税法案，短期看，该改革或将为印度经济发展带来一定负面影响，长期看，将有利于印度经济发展。但是，印度面临较大的贸易逆差问题，5月，印度进口同比增长33.1%，而出口仅同比增长8.3%。另外，银行系统的呆坏账问题和产生的连锁反应，以及地方势力强大等问题，仍对印度经济发展产生一定影响。四是南非经济不确定性较大。第一季度，南非经济环比增长-0.7%，第二季度摆脱衰退，主要得益于农业、金融业和矿产业的快速发展。失业率一季度上升至27.7%，达到2003年以来最高水平。南非政治局势不稳定，经济政策不确定性增强。3月，南非政府改组，政治风险凸显。4—6月，惠誉、标普等评级机构先后将南非主权信用评价下调，市场投资者信心大跌。

其次，全球金融市场因事件突发偶尔波动，但总体运行较为稳健，市场投资者风险偏好提高。4—5月因法国总统大选、美国财政支提案以及总统特普朗"通俄门"等事件导致恐慌指数VIX迅速上升，但后期随着风险事件的化解，恐慌指数明显下滑，全球金融市场稳健运行，为全球经济稳步发展提供了有利的金融环境。一是外汇市场不断调整。美元指数总体呈下滑态势，8月底达119.28，欧元逐步回升，8月底达0.846，全球外汇市场不断调整。因美元贬值影响，其他经济体汇率呈小幅升值态势，如中国人民币、俄罗斯卢布、印度卢比、南非兰特等。但与此同时，部分新兴经济体如巴西、阿根廷等出现小幅贬值情况。二是股市呈向好态势。美国标普500指数稳步增长，法国、德国、日本、韩国、印度等国家股市均呈连续增长态势，新兴经济体中，俄罗斯、中国、巴西等国家则因国内因素所致，股市并未随大盘向好，出现反复波动甚至大跌情况。三是货币市场较为稳健。受美联储加息影响，美元LIBOR隔夜拆借利率持续上升，但并未带来较大波动，欧元、日元隔夜拆借利率波动较小，但仍处于负利率水平。另外，美国总统特朗普当选后，美国10年期国债收益率随之攀升至2.3%，全球国债收益率紧随其上涨，但随着特朗普政府施政进程缓慢，主要经济体长期国债收益率总体回调。

表11　　2017年6—8月主要金融市场指数情况　　单位:%

	6月	7月	8月
美元指数	122.27	120.67	119.28
欧元区	0.890	0.867	0.846
美国10年期国债收益率	2.31	2.30	2.12
LIBOR隔夜拆借利率	1.16	1.18	1.18
美国标普500	2423	2470	2472
VIX	11.18	10.26	10.59

数据来源：CEIC。

再次，国际贸易继续回暖，发达经济体需求增长，为经济复苏奠定一定基础。世界贸易组织发布的世界贸易景气指数（WTOI）为102.2，这是自2011年5月以来的最高水平，第二季度全球贸易继续温和增长。4月，全球外贸数量同比上涨3.3%，在大宗商品价格下跌背景下贸易呈向好态势。但是，多边贸易权威性受到挑战，新一轮谈判成果微弱，一些政客将经济问题政治化，为赢得支持将攻击目标锁定为国际贸易自由化，对国际贸易健康发展带来一定威胁。另外，国际市场需求依然相对疲软，投资品国际贸易增长放缓。根据世界贸易组织预测，2017年贸易额将增加2.4%。

2. 国内经济环境分析

前三个季度，经济运行保持在合理区间，稳中向好态势趋于明显，供给侧结构性改革成效初显，经济增速大幅下降风险基本解除，国际货币基金组织预计2017年中国经济增长将达到6.6%。但从影响中国工业增长的"三驾马车"呈现出的特点分析，经济转入持续中高速增长阶段的基础条件尚不稳固，仍面临长期积累的结构性矛盾突出等传统问题，同时，受金融去杠杆和强监管、房地产市场调整等多重影响，第四季度经济发展回调压力较大。

首先，投资结构继续优化，但增长动力仍不稳固。2017年年初以来，在深化简政放权、放管结合、优化服务改革等相关政策以及"一带一路""京津冀协同发展""北京城市副中心建设"等重大战略的带动下，投资环境不断改善，投资活力得到激发，产业结构调整继续优化，但尚未得到根本转变，内生性增长动力仍然不稳固。1—8月，全国固定资产投资（不含农户）为394150亿元，同比增长7.8%，增速比1—7月回落0.5个百分点。其中，第一产业投资同比增长12.2%，第二产业投资同比增长3.2%，第三产业投资同比增长10.6%；房地产开发投资69494亿元，同比增长7.9%，增速与1—7月持平，自2016年9月底一系列房地产调控政策相继出台以来，全国各地限购限贷政策效果逐步释放，但政策调整导致房地产投资以及市场出现不振，后期投资特别是民间投资增速将面临一定压力，并在一定程度上对建材、家电、装饰等相关行业产生影响。另外，为有效推进金融去杠杆、强监管服务实体经济工作，有关部门先后出台多项政策大力治理金融乱象，7月中央金融工作会议再次对此提出明确要求，金融服务实体经济导向明确，但金融机构原有通过政府购买服务等模式介入基础设施及公共服务领域被严格限制，短期内一定程度上对基础设施及公共服务领域投资带来影响，经济增速承受一定压力。

其次，居民消费稳定增长，基础性作用持续增强。在供给侧结构性改革持续推进下，居民消费较快增长，消费升级势能持续释放。2017年上半年，全国居民人均可支配收入12932元，同比名义增长8.8%，扣除价格因素实际增长7.3%，比2016年同期加快0.8个百分点，居民收入稳步提高；全国居民人均消费支出8834元，同比名义增长7.6%，扣除价格因素实际增长6.1%，最终消费支出对经济增长的贡献率为63.4%，远高于资本形成和净出口的贡献率。居民消费结构升级，教育、文化、娱乐、医疗、保健、服装等领域消费呈现出加速增长态势，为经济转型升级注入动力。1—8月，社会消费品零售总额同比增长10.4%，增速与1—7月持平，网上零售额同比增长34.3%，比1—7月加快0.6个百分点，消费需求对经济增长的带动作用进一步凸显；物价水平总体稳定，居民消费价格同比上涨1.5%，消费价格涨幅无论与近几年同期相比，还是与国际上一些主要经济体相比，都处于温和水平；全国城镇新增就业974万人，同比增加26万人，完成全年目标任务的88.5%，国内就业持续升温。另外，扶贫攻坚等战略措施取得明显成效，农村消费后劲持续增强，消费增长潜力得到有效释放。总体上看，综合考虑工资上涨带动的收入持续改善、社会保障制度的完善与扩面以及新消费群体的扩大等因素，未来消费仍有望保持一定增长。

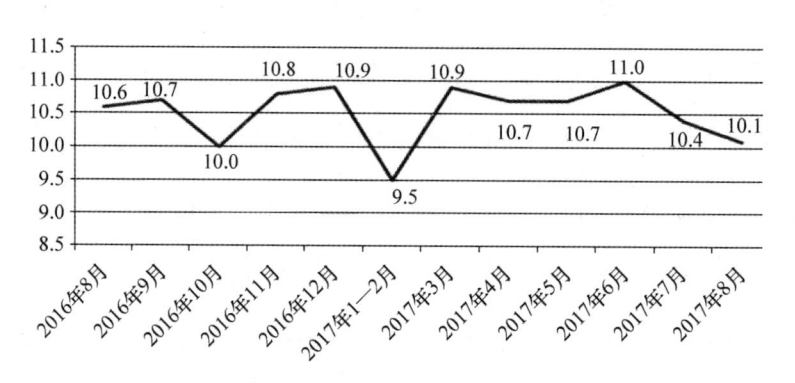

图17 社会消费品零售总额分月同比增长速度（单位:%）

最后，进出口实现较快增长，后续外需下行压力较大。1—8月，中国对外贸易回暖，整体表现良好，进出口总额178338亿元，同比增长17.1%。其中，出口98518亿元，增长13.0%，主要原因为美国和欧盟市场进口增加所致；进口79820亿元，增长22.5%。一般贸易进出口增长17.9%，占进出口总额的56.7%，比2016年同期提高0.4个百分点。机电产品出口增长13.4%，占出口总额的57.1%，比2016年同期提高0.3个百分点。5月，"一带一路"国际合作高峰论坛"推进贸易畅通"主题会议在北京举行，促进中国与沿线国家贸易合作推进发展，外贸环境逐步改善。初步判断，中国出口增速超出预期，表明当前世界经济态势较为良好；进口增速超出预期，表明国内经济明显转缓；进口增速超过出口增速，表明国内经济复苏水平好于世界经济复苏水平。但是，后续全球主要大宗商品价格将高位回调，主要经济体经济回暖从而收紧货币政策有一定倾向，外需下行调整面临较大压力。同时，全球贸易保护主义不断加强，对中国贸易负面影响持续加大，中国已成为一些国家采取贸易保护主义的首要目标，严重影响相关行业出口，特别是中美贸易摩擦不断升级，虽然为解决经贸分歧，双方达成100天行动计划，但后期实际效果尚难以确定。另外，中国外贸传统竞争优势不断弱化，新的竞争优势尚未形成和巩固。一方面,中国与发展中国家如印度等在劳动密集型产业领域竞争十分激烈。另一方面,中国与发达国家在资本以及技术密集型产业正从互补关系转为互补与竞争关系。

(三)工业增速趋势预测

课题组采用 HP 和 BP 滤波方法对工业增速趋势预测。结合时间趋势模型和周期波动模型,预测 2017 年下半年工业增加值同比增速,如表 12 所示。

表 12　　　　　　　　工业同比增速预测值　　　　　　单位:%

时间	趋势增速预测值	周期波动预测值	工业同比增速预测值
2017 年 7 月	5.64	0.75	6.39
2017 年 8 月	5.56	0.52	6.08
2017 年 9 月	5.48	0.22	5.70
2017 年 10 月	5.39	-0.14	5.25
2017 年 11 月	5.31	0.57	5.88
2017 年 12 月	5.23	1.05	6.28

数据来源:根据所建模型测算。

三 中国工业运行政策建议

当前形势下,要实质性推进供给侧结构性改革,提高工业生产要素质量和创新工业生产要素资源配置机制,推动工业增长方式从劳动力和物质要素总量投入驱动主导转向了知识和技能等创新要素驱动主导。

(一)增强地方政府创新发展动力,形成转型升级长效机制

谈到中国制造业领域改革的关键点,就不能不讨论地方政府的目标导向问题。目前有一种观点认为,转变经济发展方式的关键是改变地方政府的政绩考核标准。我们认为,如果能够制定一套科学合理的指标体系或政绩评价机制当然很好。但在目前的体制下,这种理想化的改革思路可能是无解的。首先,不同于GDP评价,创新和创新相关的科学评估事实上是异常困难的，不说科技进步贡献率、专利质量等学术上广存争议的指标，即便是研发投入这类最基本的指标都会由于统计口径的问题产生极大的随意性；其次，即便能够制定出科学的创新导向的评价标准，对地区发展施加统一的评价标准本身就违背创新的规律；最后，转型和创新都是长期投资才能见效的经济活动，如何对地方政府进行阶段性的评价，等等，都是自上而下的政治评价体系本身难于解决的问题。也正因此，一方面，要通过积极的财政体制改革或地方政府的政绩评价体系改革来强化地方政府的创新激励。另一方面，如果知识产权保护、资本市场建设、消费环境建设等改革能够有效推进，则在未来的创新驱动发展阶段，地方政府的行为会更多受到来自市场竞争的压力和约束，而表现出"被"纠正的特点。

（二）完善公共科技服务体系，弥补制造业创新体系短板

从建设更加独立的国家实验室、建设国家层面的共性技术研发机构和完善技术扩散机制三个层面着手，完善制造业科技服务体系，弥补中国制造业创新体系的短板。一国的科技服务体系主要包括科技基础设施、共性技术研发服务和技术扩散服务三

个组成部分。其中，科技基础设施主要是国家实验室，其主要功能是围绕国家重大科技和产业发展使命，依靠跨学科、大协作和高强度资金支持开展战略性研究，这方面的典型代表是美国劳伦斯伯克利国家实验室及德国的亥姆霍兹研究中心。共性技术服务机构的功能主要是解决竞争前技术，即共性技术的供给不足问题。共性技术研发机构的成功案例有德国的弗劳恩霍夫应用研究促进协会、韩国的科学技术研究院和中国台湾的台湾工业技术研究院。技术扩散服务体系的作用则主要是促进已经形成的先进适用技术（主要是工艺技术）向广大企业的扩散和应用。日本政府认证的技术咨询师则是促进先进适用工艺技术向广大中小微企业扩散的专门机制，而美国则主要依托由大学、协会、科研院所共同组成的"制造业扩展合作"计划网络来促进先进适用技术的采用。与发达工业国家相比，中国在科技服务体系建设方面存在的不足主要表现在，科技服务体系的特定主体和功能缺失。例如，美国国家实验室在人事、财务和管理等方面都相对独立于大学，而中国的国家实验室则完全依托于大学和院系，导致大学和院系教授主导的国家实验室实际上成为学科建设和基础研究发展的平台，任务导向型、战略性的前沿技术研究主体在中国的创新体系中名存实无。在共性技术研发方面，2002年前后开始实施的科研院所改制使得中国国家层面的共性技术研发机构从有到无。而专业的技术扩散机构或机制在中国的产业政策体系中始终是缺失的，目前的产业政策主要聚焦于鼓励和促进前沿技术的突破，而忽视了先进适用技术在广大企业、特别是中小企业中的应用，而这正是近年来中国工业生产效率出现下降的重要原因。建议在技改政策方面，借鉴日本"技术咨询师"和澳大利亚"管理顾问"的做法，培育、认证专门的具备丰富的生产管理经验和现代工艺知识的专家队伍，为企业提供质量管理、现场管理、流程优化等方面的咨询与培训，从生产工艺而不是生产装备的层面切实提高企业制造水平。

（三）构建产业政策工具组合，避免政策选择从一个极端走向另一个极端

在货币性政策工具的设计方面，应根据不同的货币性政策措施的优缺点进行灵活组合，以往过度使用行政化的补贴政策、现在各部委和地方政府滥用所谓更加市场化的产业基金，都不是产业政策实施的正确方式。学术研究表明，根本不存在按照社会福利标准判断绝对占优的产业政策工具。即便是专利制度，也存在"浪费性模仿"、专利丛林和可

能的滥用知识产权垄断等社会福利损失问题。因而，最优的鼓励创新的产业政策工具一定是环境特定的。例如，税收优惠可以降低政府对企业创新活动的信息要求，但税收优惠通常与企业的研发支出挂钩，所以税收优惠会激励企业更多地把资源投向可测度的研发支出方面，从而扭曲企业的研发投资结构；由于参与产业基金的私人资本要求最高的投资回报，因此产业基金不能有效促进投资周期长、投资风险大的通用技术和共性技术的投资和发展。可见，每一项政策工具都有自身的优势和局限。根据不同的结构性产业政策工具适用的具体情境，灵活地选择政策工具组合，有效发挥不同政策工具的互补性，而不是过度依赖财政补贴等个别政策工具，是完善中国产业政策工具体系、提高政策科学性和有效性的重要内容。

（四）从消费者权益角度制定标准，形成标准倒逼质量提升的机制

目前中国技术标准存在的突出问题，一是技术标准模糊，技术标准确定的参数无法对企业的产品质量形成有效的约束；二是行业标准普遍低于企业标准，行业标准名存实亡。究其原因，中国大量的技术标准的制定是由行业协会牵头的，而行业协会

的立场是保护企业，而不是消费者权益。国人汹涌的海外扫货和海淘代购表明，中国快速提升的消费水平并没有完全转化为本土制造业转型升级的强大动力。这其中，固然有国货品质不高、品牌积淀不够的问题，但大量海归产品实为国内生产制造甚至国内设计的事实也表明，消费者对国内产品的品质和品牌缺乏信任也是导致高端消费能力外流的重要原因。加强消费者权益保护，通过探索产品质量安全问题厂商举证、雇员对食品安全负有强制性举报责任等制度，降低消费者的维权成本，使规避劣质产品、不安全产品成为厂商技术路线选择和工艺选择中的首要考量，解决消费者与产品之间的信息不对称，重建消费者对中国本土高端品牌的信心，打通不断提升的消费水平、特别是高端消费与优秀企业创新升级的信息不对称鸿沟。以消费者权益倒逼企业技术标准提升，以标准提升倒逼产品质量提升，是中国制造业转型发展的重要机制。

（五）切实加强知识产权保护，从根本上激发小微企业和创新创业活力

形成强有力的知识产权保护是实现创新者赚钱效应、驱动制造业转型升级最有力的制度工具。知识产权保护是激励创新的最市场化的、最有效的、

成本最低的制度安排。知识产权保护最大的价值不在于保护大企业，而在于真正激发一大批创新型中小企业和高技术创业企业的形成。目前学术界和政府都看到了培育高技术中小企业、促进高技术创业对经济发展的重要性。然而，只要有效的知识产权市场没有形成，中小企业和创业企业为了实现创新收益就必须完成从基础研究、产品开发到工程化和商业化的整个创新过程。而从国外的经验看，在ICT和生物医药等高技术产业领域，在技术市场将知识产权授权或转让给商业化能力更强的大企业以实现创新收益，是大量高技术中小企业和创业企业的主导盈利模式。因此，有力的知识产权保护是激发企业进行创新、有效选择创新者、形成分工合作的创新生态的最重要的制度条件。因此，国家层面应当尽快研究如何制定一个可置信的时间表，在稳步推进知识产权保护的同时，尽可能减少新的竞争范式带来的经济冲击，毕竟今天中国相当数量的工业企业仍然严重依赖技术模仿来维持生存。

（六）加强企业信用建设，降低企业融资和社会化管理成本

如果说消费者权益保护是建立消费升级对产业升级的拉动机制，知识产权保护是建立优胜劣汰的

竞争机制，那么，企业信用体系建设的作用就是为将社会资本引导到创新型的企业提供制度基础。创新和转型首先是一个投资过程，且往往是大规模的沉没性投资过程，投资就需要融资、特别是长期性融资。有效的融资体系，包括新的金融业态和金融产品的创新，都要求有可靠的企业信息体系作为基础。近年来，中国一方面热钱汹涌，另一方面企业融资难融资贵，根本上是企业信息体系缺失和政府不当管制造成的投资和融资的错配、割裂。互联网和大数据的快速发展，为企业信用体系建设提供了技术契机。改革的关键是切实消除政府部门和垄断部门之间的行政壁垒，实现信息孤岛之间的共享互通。在完善企业信用体系的基础上，在规范投融资行为和政府监管行为的基础上把资本市场的容量做大，使更多的企业可以借助社会资本的力量转型升级。与此同时，加强职业经理人信用体系建设，为大量面临接班问题和社会化管理问题的民营企业提供社会化管理和治理的信用基础，促进民营企业二次创业和转型发展。

附录一

工业经济数据来之不易 制造业寒流并未解除[*]

黄群慧

2017年第一季度中国工业经济出现了"开门红",各方面指标都大大好于预期。全国规模以上工业增加值增长6.8%,不仅比2016年同期快了1个百分点,而且还比2016年全年提高了0.8个百分点。2017年3月更是达到了7.6%。从企业利润看,2017年1—3月,全国规模以上工业企业实现利润总额17043亿元,同比增长28.3%,其中国有控股企业实现利润总额3996.3亿元,更是同比增长高达70.5%。

如果追溯整个"十三五",从规模以上工业企业

---

[*] 原文载新浪财经《意见领袖》,2017年5月2日。

增加值看，2011—2014 年分别为 13.9%、10%、9.7% 和 8.3%，分别下降 1.8 个、3.9 个、0.3 个和 1.4 个百分点，2015 年规模以上工业企业工业增加值下降到 6.1%，不仅延续 5 年来同比下滑态势，而且相对 2013 年和 2014 年，呈现加速下滑的态势，2015 年已经是自 1992 年以来两个周期长达 23 年中的最低工业增速。

2016 年规模以上工业增加值增速为 6.0%，基本趋于稳定，告别了这种加速下滑的态势。2017 年第一季度工业增加值达到 6.8%，更是给人以很大的信心，基本呈现出"L"形增长端倪，甚至还表现出一些"V"形反弹势头。但是否可以认为工业经济已经步入"L"型增长的新常态了呢？现在这些判断还为时过早。

一个合理的判断应该是：2015 年的"非正常"的工业加速下滑，2015 年工业经济运行所呈现出的工业品价格下降、工业出口下降和工业企业利润下降，现在都得到了明显的扭转，供给侧结构性改革初见成效；工业行业结构继续呈现高级化趋势，结构趋优、新旧动能转换的经济新常态的特征更加显著。

但是，考虑到 2016 年下半年以来 PPI 的大幅回升，以及房地产"泡沫"对工业上游的大幅拉倒，2016 年全年和 2017 年"暖春"数据还无法支撑中国工业经济已经实现动能转换、结构优化的经济新常态。

从2017年第一季度的工业企业利润数据看，国有企业利润大幅增长，在其背后应该看到国有经济战略性调整仍任重而道远。中国国有工业企业大多分布在上游，在采矿、原材料和重化工占比还较高，之所以在2015年利润大幅下滑，而2017年第一季度利润又大幅增长，应该和PPI的大起大落有很大关系。

中国已经从工业化中期发展到工业化后期，在后期，战略性产业已经不再是资金密集型的重化工主导，更多地应该是技术密集型产业主导，中国国有经济要积极推进战略性重组，适应这种转变。

应该说，2016年和2017年第一季度取得工业经济增长成绩是值得肯定和来之不易的。但是我们还必须意识到，由于发展阶段原因、体制改革不到位原因、经济增长周期原因等而引起的制造业"寒流"警报并未解除。

从2016年的三个数据，即2016年国内制造业投资增长4.2%（比全社会固定资产投资和2015年制造业投资8.1%增速低3.9个百分点）、中国制造业吸引外商直接投资增长-6.1%、中国制造业对外直接投资增长116.7%，我们可以初步判断中国制造业外移、制造业空心化的风险正在加大。

在当前新一轮科技和产业革命大背景下，中国正在大力推进"中国制造2025"、实施制造强国战略，中国工业中制造业投资增速大幅回落，其影响不仅仅是工业转型升级，更为重要的是会影响到未来经济增长新动能培育和新经济的发展。如果考虑到美国特朗普的"新政"，尤其是刚刚公布的大幅减税的措施，未来中国制造业面临的竞争环境将更加残酷。

附录二

中国制造如何向服务化转型*

黄群慧

促进产业结构转型升级是经济发展战略和产业政策的核心。近年来，我国产业结构变化明显，服务业已经成为占比最大的产业。但产业结构转型背后却出现了产业结构"转型"未"升级"的问题，其中一个重要原因就是我国制造业服务化发展不够。制造业服务化，已经成为制造业创新能力提升、制造业效率提高的重要源泉，服务型制造成为制造业中最具潜力的业务方向。当前和今后一个时期，要找准中国大力发展服务型制造的着力点，加快制造业从生产型向生产服务型转变。

---

* 原文载《经济日报》2017年6月16日。

(一）发展服务型制造是产业结构升级的关键：从制造业发展看，服务型制造是未来制造业发展的方向之一；从服务业发展看，服务型制造发展也是服务业转型升级内在要求

《中国制造2025》给出了中国制造强国建设高端化、智能化、绿色化、服务化的总体导向。其中，服务化意味着向价值链的高端发展，即微笑曲线的两端。当前，无论是从提升服务业内部结构升级，还是促进三次产业融合，都需要大力发展服务型制造，服务型制造的发展是中国产业结构实质上升级的关键。

随着制造业产品复杂程度的提高，信息技术的发展，近年来，世界工业化趋势呈现出制造业服务化的趋势，服务型制造发展迅速。所谓服务型制造是制造业企业从投入和产出两个方面不断增加服务要素在生产经营活动中的比重，从而实现向消费者提供"制造+服务"一体化解决方案、重构价值链和商业模式的全新生产经营方式，进而在产业层面表现为制造业与服务业融合发展的新型产业形态，这种新型产业形态既是基于制造的服务，又是面向服务的制造。虽然服务型制造源自制造业向价值链的两端延伸，但随着服务型制造迅速发展，一些服务业企业向制造环节深入的生产经营方式也屡见不

鲜。服务型制造本质是制造业或制造环节与服务业或服务环节之间融合发展的新业态、新模式。

从制造业发展看，无论是美国的先进制造业计划，还是德国工业4.0，以及中国《中国制造2025》，都将服务型制造或制造业服务化作为未来制造业发展的方向之一。这样的原因关键在于服务型制造是制造业创新能力提升、制造业效率提高的重要源泉，有利于延伸和提升价值链，提高全要素生产率、产品附加值和市场占有率。尤其是新一代信息技术发展为服务型制造发展又提供了很有利的支撑。在信息技术还不发达的时候，制造企业很难监测自家设备的运营状况，也很难掌握个体用户对产品的使用状态和身体状况，移动互联网、大数据、云计算、物联网、人工智能等信息技术的逐步成熟和产业利用，使这些都成为可能，极大地推动了制造业的服务化转型，新商业模式、新业态的创新层出不穷。目前，制造企业并没有局限于研发、制造、销售产品和简单的售后服务，而是向它的客户（包括企业客户和消费者）提供越来越多的高附加值服务，如个性化定制、综合解决方案提供、智能信息服务等。而且，对于制造业来说，向服务型制造转型可以摆脱对资源、能源等要素的投入，减轻对环境的污染，同时能够更好地满足用户需求、增加附加价值、提高综合竞争力。因此，基于制造业产品的服务活动已经成为越来越多制造企业销售收入和利润的主要基础，成为制造业竞争优势的核心来源。

从服务业发展看，以餐饮、商贸、流通为主的劳动密集型传统服务业，主要服务于生活消费，附加价值和生产率都较低；而作为制造业向高端进阶过程中分工细化产物的技术密集型服务业，既包括采用高技术装备的部门，如电信、金融，也包括本身创造高技术服务的部门，如软件、互联网信息服务等，主要服务于生产性活动，附加价值和生产率都较高。由于制造业发展不仅是整个国民经济实现创新驱动发展的物质基础，而且也是服务业向高端发展的重要支撑，制造业是科技创新最为活跃的部门，既是创新的来源方，也是创新的应用方，这些技术密集型服务业必须和制造业紧密结合，为制造业创新发展服务，才能寻求到持续的效率源泉和发展动力。因此，对于服务业而言，服务型制造发展本身也是服务业转型升级的内在要求。

因此，发展服务型制造无论对于制造业和服务业本身的转型升级，还是对整个产业结构的转型升级，都具有非常重要的意义。未来，随着服务型制造的发展，三次产业日趋融合，我们产业结构调整和产业政策的目标不应该只是追求统计意义上工业和服务业在国民经济中的比重，而应更加重视产业的运行效率、运营质量和经济效益。而要提高中国产业效率、实现产业升级，一定要抓住发展服务型制造业这个"牛鼻子"。当前，中国已经涌现出一批在服务型制造方面做得比较好的企业，但总体上来说，我们与国际先进水平相比还相差较远。在中国制造业大而不强的国情下，这直接影响了中国制造业效率的提升，进而影响了中国工业全要素生产率的提高以及中国经济潜在增长率的提高。因此，必须从整个经济发展战略视角高度重视发展服务型制造。

（二）培育四种观念推动制造业向服务化转型：培育产业融合发展观念；强化两化融合发展观念；树立产业生态系统观念；树立客户至上观念

服务型制造是制造与服务融合发展的新型产业形态，是制造业转型升级的重要方向。当前和今后一个时期，要培育和树立四种观念，切实推动制造业向服务化转型。

一是培育产业融合发展观念，构建一体化产业政策体系。当今产业发展趋势是产业融合，尤其是新一代信息技术推进下大量新业态、新模式层出不穷，无论是产业政策还是政府部门，都需要适应这种产业融合的趋势。对于发展服务型制造而言，要建立一体化的产业政策体系，消除服务业和制造业之间在税收、金融、科技、要素价格之间的政策差异，降低交易成本。比如，建议把高技术现代服务业和高技术制造业全部纳入高新技术产业的范畴给予支持；同时，建议从客户需求的视角整合行业管理部门的职能，制定相互协调融合的行业监管、支持政策，形成合力，推动服务型制造的大发展。

二是强化两化融合发展观念，提升信息技术支持能力。信息技术是服务业与制造业融合的"黏合剂"，《中国制造2025》和《发展服务型制造专项行动指南》都十分强调大力发展面向制造业的信息网络技术服务，提高重点行业信息应用系统的方案设计、开发、综合集成能力。对于服务型制造而言，低时延、高可靠、广覆盖、更安全的工业互联网基础设施体系是硬件基础，必须加快建设；而低成本、高可靠的信息化软件系统，以及集成消费、设计、生产、销售和服务全过程工业大数据应用服务是软件基础，需要加速开发推进。要通过大力推动云制造服务，支持制造业企业、互联网企业、信息技术服务企业跨界联合，实现制造资源、制造能力和物流配送开放共享。

三是树立产业生态系统观念，加强制造服务平台建设。产业创新发展的关键取决于其能否有一个健康的生态系统。服务型制造的发展是对原有产业价值链条的重构，企业需要在新的生态系统中重新确定自己的价值地位。为了鼓励服务型制造的发展，政府一方面要围绕制造业服务需求，建立创新设计、物流服务、质量检验检测认证、市场营销、供应链管理等生产性服务公共平台，培育研发、法律、工程、融资、信息、咨询、设计、租赁、物流等生产性服务业体系，提升产业结构层次，加强制造业配套能力建设；另一方面要加强信息化网络服务平台建设，积极搭建具有国际先进水平的大数据、云计算、电子商务等服务外包产业平台，积极研究工业互联网网络架构体系，加快制订面向工业互联网平台的协同制造技术标准，以及产业链上下游间的服务规范。

四是树立客户至上观念，寻求重点突破的行业和模式。服务型制造的一个重要效率源泉来自于对客户潜在需求的一体化的深度满足。以挖掘客户需求为突破口，在重点行业实施服务型制造行动计划，创新个性化、专业化的服务型制造模式。从制造业服务化的典型案例和发展趋势来看，当前我国发展服务型制造重点是装备制造业、白色家电制造业、电子信息消费品制造业以及衣饰家具制造业等行业，可重点发展的服务模式有为客户提供专业化的供应链金融、工程机械融资租赁等服务,为客户提供包括自产主体设备、设备成套、工程承包、专业化维修改造服务、专业化远程全面状态管理在内的整体解决方案,为每一位客户度身定制一步到位、全方位的整体供应链解决方案,等等。对于白色家电制造业,当前可重点发展提供设计、制造、维修、回收等全生命周期服务;对于衣饰和家具行业,可重点发展客户参与的大规模定制服务等;电子信息消费品行业服务化的方向是"线下产品+线上服务"相结合,提供智慧生活服务。

附录三

全面实施制造强国战略的新阶段[*]

黄群慧

2015年5月19日,中国正式发布《中国制造2025》,这是一个制造强国建设的10年行动纲领,也意味中国开始全面部署实施制造强国战略。中国提出制造强国战略是基于中国的工业大国国情、世界工业化趋势和中国的工业化发展阶段提出的重大发展战略,对中国的现代化进程具有重大战略意义。经过两年的时间,随着《中国制造2025》的"1+X"规划体系全部完成,中国的制造强国战略从提出部署转入到全面实施的新阶段。

---

[*] 原文载《经济日报》2017年5月19日。

（一）从工业化进程认识中国的制造强国战略

中国提出的制造强国战略，应该放到工业化进程的大背景来认识。近代以来，实现工业化、成为一个经济现代化国家，是中国众多仁人志士为之奋斗终生的一个伟大梦想。成为一个工业化国家，是中华民族实现伟大复兴的一个重要标志，实现工业化是"中国梦"一个重要经济内涵。经过改革开放以来的快速工业化进程，中国已经快速地走过了工业化的初期和中期，研究表明，进入到"十二五"以后，中国整体已经步入工业化后期。与工业化阶段变化相适应，中国的基本经济国情也已经从一个农业经济大国步入工业经济大国，中国已经成为世界上工业规模最大的国家，但是，从工业增加值率、劳动生产率、创新能力、核心技术拥有、关键零部件生产、所处全球价值链环节、高端产业占比等各方面衡量，中国的工业是大而不强的，中国是工业大国而不是工业强国。工业化后期对中国通过技术创新驱动产业结构转型升级提出了新要求，而工业尤其是制造业既是技术创新的来源方又是技术创新的应用方，没有制造业从大到强的转变整个经济就无法实现转型升级，也就无法实现党的十八大提出的到 2020 年全面建成小康社会、基本实现工业化的目标。因此，实施制造强国战略、推进制造业从大到强的转变是中国深化工业化进程、实现工业化梦想的必然要求。

从世界工业化进程看，近些年发达工业国积极推进"再工业化"战略，其"再工业化"战略的核心是通过推出一系列的规划，引领新一轮工业革命的潮流，适应制造业信息化和服务化的趋势，不断强化其制造业在全球竞争优势和价值链的高端位置。例如，美国的先进制造业伙伴计划、德国的工业4.0、法国的新工业34项计划、日本的产业复兴计划等。如果说中国作为发展中大国，新工业革命意味着工业化和信息化的融合，而对发达国家则是"再工业化"与信息化的融合。世界工业化进程中所呈现出的这种以制造业信息化和制造业服务化为特征的新工业革命，对中国既是严峻的挑战也是重大历史机遇。从挑战来看，由于中国工业大而不强，虽然中国工业有低成本优势，但工业现代化水平还远落后于世界工业强国，中国工业主要还处于国际产业分工链条的中低端，中国工业生产技术水平和研究开发能力与世界先进水平还有较大的差距。在新工业革命的背景下，发达国家可以利用其先发优势、创新能力和产业高端位势，形成对中国劳动力低成本优势的替代和产业向中高端升级的高端下压态势，这不利于中国经济向全球价值链高端攀升。从机遇来看，中国已经步入工业化后期，正处于经济结构转型升级的关键时期，而新工业革命催发了大量的新技术、新产业、新业态和新模式，为中国产业从低端走向中高端奠定了技术经济基础和指明了发展方向。与以前积贫积弱的国情不同，中国已经成为全球制造业第一大国，具有了抓住这次新工业革命历史性机遇的产业基础条件。同时，中国具有规模超大、需求多样的国内市场，也为新工业革命提供了广阔的需求空间。因此，在新工业革命这种世界工业化新趋势下，中国需要在分析新工业革命给中国带来的机遇与挑战的前提下，制定出自己的制造强国战略，这既是中国自身经济发展和转型升级需要，也是适应世界工业化趋势的需要。

正是基于这样的认识，中国提出了以《中国制造2025》为10年行动纲领的制造强国战略。《中国制造2025》是一个具有全局性、系统性、长期性、国际竞争性的战略规划文本，是着眼于国内国际经济社会发展、产业变革的大趋势制定的一个长期的战略性规划和高端产业、技术进步的路线图。该规划以应对新一轮科技革命和产业变革为重点，以促进制造业创新发展为主题，以提质增效为中心，以加快新一代信息技术与制造业融合为主线，以推进智能制造为主攻方向，以满足经济社会发展和国防建设对重大技术装备需求为目标，通过实施国家制造业创新建设、智能制造、工业强基、绿色发展、高端装备五大工程，明确未来发展新一代信息技术、高档数控机床和机器人、航天航空装备、海洋工程装备及高技术船舶、先进轨道交通装备、节能与新能源汽车、电力装备、新材料、生物医药及高性能医疗器械、农业机械装备十大重点领域，从而促进产业转型升级、实现中国从工业大国向工业强国的转变。

（二）制造强国战略从全面部署进入全面实施

《中国制造2025》提出了中国实现制造强国战略分"三步走"的战略目标，第一步，到2025年，力争用十年的时间迈入制造强国行列；第二步，到2035年，中国制造业整体达到世界制造强国阵营的中等水平。第三步，到新中国成立一百周年时，制造业大国地位更加巩固，综合实力进入世界制造强国前列。作为制造强国战略第一步行动纲领的《中国制造2025》，其全面实施的前提是细化的规划体系和支撑政策。在2015到2017年的两年间，各相关部委分别发布了《中国制造2025》重点领域技术路线图，制造业创新中心建设、工业强基、智能制造、高端装备、绿色制造五大工程的实施指南，发展服务型制造、促进制造业质量品牌提升的两个专项行动指南，医药工业、新材料产业、信息产业的三个产业发展指南以及制造业人才发展规划指南，共11个规划指南，另外国务院还印发了《关于深化制造业与互联网融合发展的指导意见》、中国人民银行等相关部委印发《关于金融支持制造强国建设的指导意见》等政策文件。同时，政府聚焦五大工程和重点标志性项目，用试点突破为全面推进奠定基础。例如，国家级动力电池创新中心已经挂牌成立，国家级的增材制造创新中心建设方案已通过论证，各省市建立了19家省级制造业创新中心；开展了226个智能制造的综合标准化试验验证和新模式应用项目，遴选了109个智能制造试点示范项目；建设了19家首批产业技术基础公共服务平台；树立了251家品牌培育示范企业，首批参与产业集群区域的品牌建设试点有22家；组织开展了《中国制造2025》城市试点示范，浙江宁波、广东珠江西岸等六市一区及江苏苏南五市、成都市已成为试点示范城市。迄今为止，规划体系全部发布，顶层设计基本完成，政策体系也日趋完善，试点示范也积累了一定的经验。这意味着两年的时间基本完成了制造强国战略第一步的全面部署，全面实施《中国制造

2025》阶段已经到来。

在制造强国战略的提出和部署阶段,制造强国战略对于制造业发展和中国经济转型升级的重要意义已开始显现。一是制造业发展的整体环境逐步改善。制造业是国民经济主体,是立国之本、兴国之器、强国之基的理念日益普及,形成了重视制造业、振兴制造业、发展制造业的良好的舆论环境;随着供给侧结构性改革的推进,"三去一降一补"政策深入使得制造业转型升级的现实条件逐步改善。二是一些重大的制造业创新成果取得突破。例如,成功研发了中国首款柔性复合工业机器人、并实现了年产50台生产能力,首架国产大飞机C919试飞成功,世界最大单体射电望远镜建成,世界最大基因库投入运营,"神舟十一号"与"天宫二号"完成交会对接,首艘国产航母下水,高精度数控齿轮磨床、多轴精密重型机床、数控冲压生产线等产品跻身于世界先进行列,自主研制的"海斗"号无人潜水器使中国成为继日本、美国之后第三个拥有研制万米级无人潜水器能力的国家等。同时,还启动了航空发动机及燃气轮机、高档数控机床与基础制造装备、无线移动通信、核心元器件、高档芯片和基础软件等一批重大专项。三是极大促进了经济动能转换和经济结构优化。在整体经济趋缓、工业承受下行压力的背景下，2015年和2016年工业三大门类中制造业一直保持最高增速，分别为7.0%和6.8%，分别高于整体工业增速0.9个和0.8个百分点，制造业中医药制造业，航空、航天器及设备制造业，电子及通信设备制造业，计算机及办公设备制造业，医疗仪器设备及仪器仪表制造业，信息化学品制造业这六大高技术制造业增加值增速更是高于制造业总体增速，2015年和2016年分别为10.2%和10.8%，分别高于整体制造业3.2和4.0个百分点，也高于整体经济增速3.3和4.1个百分点。制造强国战略提出重点发展的制造业领域对经济增长的贡献十分明显。

（三）制造强国战略全面实施阶段应坚持的几个原则

（1）坚持市场主导和政府引导相结合

《中国制造2025》明确提出市场主导和政府引导的原则，无论是政府制定的"1+X"规划体系，还是十大重点领域技术线图，政府都发挥的是引导的作用，这些规划文本更强调的是指南意义。如果说在制造强国战略提出和部署阶段，政府需要积极发挥作用通过规划和政策进行引导，那么在全面推进和实施制造强国战略阶段，政府的工作的着力点应该更多地放在培育科技创新生态系统上，放在培育有利于创新发展的公平市场竞争环境上，要围绕大力发展先进制造业在市场准入、要素配置和降低成本方面营造良好环境。要注重发挥行业协会的作用，要充分发挥企业和企业家在技术创新上的主体作用。要充分发挥竞争政策在制造强国建设中的基础作用，全面实施公平竞争审查制度，全面清理和废止不利于全国统一市场建设的政策措施。针对切实的前沿技术、新兴技术和中小企业的创新领域可以采用补贴、税收优惠、贴息等形式的扶持性产业政策，但一定要避免强选择性产业政策的实施。

（2）坚持十大重点领域突破发展与传统产业升级改造相结合

一方面要瞄准新一代信息技术、高端装备、新材料等十大战略重点领域，引导社会各类资源集聚，寻求突破发展，为整个制造业高端化奠定技术、材料和装备的产业基础；另一方面，要重视新一轮工业革命背景下，由新一代信息技术为代表的新技术及其引起的新产业、新模式、新业态的快速发展对传统产业的影响，加快应用新技术、新模式改造传统产业，尤其是利用互联网技术促进传统产业升级改造。要将《中国制造2025》、"互联网+"和"创新创业"三大政策体系紧密结合起来，积极推进传统制造业与互联网的深度融合,以智能制造为主攻方向,促进中国经济新旧动能平稳接续和快速转换。

(3) 坚持各类制造企业共生共荣、协调发展

在制造强国建设过程中,无论是从规模上看,还是从所有制分类,各类企业都有自己的独特的作用,我们需要建立一个大中小制造企业共生共荣、各类所有制企业协调发展的生态系统。尤其值得强调的是,以提高智能制造的水平为主攻方向推进实施制造强国战略,不仅需要大型企业集团支撑,还需要培育一大批智能制造应用水平比较高的中小企业,因此创造有利环境促进中小企业的智能水平的提升十分重要。例如韩国政府充分考虑本国大型财阀集团智能制造技术积累雄厚而中小型制造业企业生产效率亟待提升的现状,以加快智能制造技术应用为导向,采用政府主导、官民合作、财阀支援的模式,集中推进智能工厂特别是中小企业智能工厂建设,以期提高制造业整体智能化水平。据韩国中小企业厅统计,截至2016年,通过智能工厂建设和改造项目,韩国中小型制造业企业的生产成本降低了29%,次品率减少了27%,整体生产效率提高了25%。

(4) 坚持激发企业家精神与弘扬工匠精神相结合

持续创新、不畏风险是企业家精神的核心内涵,

精益求精、专心致志是工匠精神的基本要义。制造强国战略建设，既需要持续创新的企业家精神——这种持续创新的企业家精神是制造业高端化、绿色化和智能化发展的保证，也需要精益求精的工匠精神——这种精益求精的工匠精神是制造业质量和信誉的保证。一个制造强国，既要有一大批具有创新精神、专注制造业发展的企业家，也要有一大批精益求精、不断创新工业改进产品质量的现代产业工人。一种精神或文化的培育，仅靠宣传教育、社会倡导是不够的，往往要经历社会文化环境与经济法律制度相互作用的复杂漫长的过程，需要改善社会文化环境与完善激励制度相协同。当务之急是，一方面要切实解决"脱实向虚"导致的"虚实失衡"结构问题，使作为实体经济主体的制造业发展环境不断优化；另一方面要建立和完善有利于企业家创新和现代产业工人精益求精的制度设计，这既包括保护知识产权、促进公平竞争等能够激励企业家将精力和资源集中到制造业创新发展上的体制机制，又包括职业培训体系、职业社会保障、薪酬和奖励制度等方面的激励现代产业工人精益求精、专心致志的制度体系。

附录四

世界主要国家工业相关数据

附表1　　　　主要经济体工业生产指数

	美国	欧元区	日本	印度	巴西	南非	俄罗斯
2016年1月	103.5	105.7	97.0	119.5	99.9	99.9	99.9
2016年2月	103.3	104.3	95.3	118.3	100.8	100.8	100.8
2016年3月	102.5	103.8	96.4	128.0	100.7	100.7	99.8
2016年4月	102.9	105.2	96.8	113.7	100.7	100.7	99.9
2016年5月	102.8	103.8	95.6	121.3	101.7	101.7	99.7
2016年6月	103.1	104.5	97.0	119.7	102.2	102.2	100.6
2016年7月	103.2	103.9	97.0	116.8	101.3	101.3	100.7
2016年8月	103.1	105.6	98.3	116.5	99.6	99.6	99.7
2016年9月	103.0	105.1	98.6	118.2	100.7	100.7	99.9
2016年10月	103.2	105.1	98.9	120.3	99.6	99.6	100.6
2016年11月	102.9	106.9	99.9	115.9	100.1	100.1	100.1
2016年12月	103.8	105.8	100.6	121.7	100.6	100.6	99.7
2017年1月	103.5	106.0	98.5	123.1	100.2	100.2	100.7
2017年2月	103.7	105.8	101.7	119.2	98.3	98.3	99.7
2017年3月	103.9	106.2	99.8	133.2	98.4	98.4	100.3
2017年4月	105.0	106.5	103.8	117.3	100.2	100.2	100.6
2017年5月	105.1	108.0	100.1	124.7	99.6	99.6	100.6
2017年6月	105.3	107.3	102.3	119.5	99.3	99.3	99.8
2017年7月	105.7	107.4	101.5	118.2	100.8	100.8	99.7
2017年8月	104.7						100.3

附表2　　　　　　　　　美日欧产能利用率　　　　　　　单位:%

	美国	欧元区	日本
2016年1月	76.1	81.3	94.9
2016年2月	75.9		94.9
2016年3月	75.4		94.8
2016年4月	75.6	81.5	94.6
2016年5月	75.6		94.6
2016年6月	75.8		94.6
2016年7月	75.9	82.0	94.4
2016年8月	75.8		94.4
2016年9月	75.6		94.5
2016年10月	75.7	82.4	94.5
2016年11月	75.5		94.5
2016年12月	76.0		94.5
2017年1月	75.7	82.2	94.4
2017年2月	75.8		94.4
2017年3月	75.9		94.1
2017年4月	76.6	82.6	94.0
2017年5月	76.6		94.1
2017年6月	76.7		94.2
2017年7月	76.9	83.5	94.3
2017年8月	76.1		

附表3　　　　　　　　　主要经济体失业率　　　　　　　单位:%

	美国	欧元区	日本	南非	俄罗斯
2016年1月	4.9	10.3	3.2		5.8
2016年2月	4.9	10.3	3.3		5.8
2016年3月	5.0	10.2	3.2	26.7	6.0
2016年4月	5.0	10.2	3.2		5.9
2016年5月	4.7	10.1	3.2		5.6
2016年6月	4.9	10.1	3.1	26.6	5.4
2016年7月	4.9	10.0	3.0		5.3
2016年8月	4.9	9.9	3.1		5.2
2016年9月	4.9	9.9	3.0	27.1	5.2
2016年10月	4.8	9.8	3.0		5.4

续表

	美国	欧元区	日本	南非	俄罗斯
2016年11月	4.6	9.7	3.1		5.4
2016年12月	4.7	9.6	3.1	26.5	5.3
2017年1月	4.8	9.6	3.0		5.6
2017年2月	4.7	9.5	2.8		5.6
2017年3月	4.5	9.4	2.8	27.7	5.4
2017年4月	4.4	9.2	2.8		5.3
2017年5月	4.3	9.2	3.1		5.2
2017年6月	4.4	9.1	2.8	27.7	5.1
2017年7月	4.3	9.1	2.8		5.1
2017年8月	4.4				4.9

附4　　　　　　　　　主要经济体PPI

	美国	欧元区	日本	巴西	南非	俄罗斯
2016年1月	-0.1	-3.0	-3.4	11.8	7.6	7.3
2016年2月	0.1	-4.1	-3.7	13.6	8.1	3.5
2016年3月	-0.1	-4.0	-4.0	13.0	7.1	0.8
2016年4月	0.2	-4.4	-4.4	11.8	7.0	0.9
2016年5月	0.0	-3.8	-4.6	12.5	6.5	3.2
2016年6月	0.2	-3.1	-4.5	14.6	6.8	5.1
2016年7月	0.0	-2.6	-4.2	13.7	7.4	4.5
2016年8月	0.0	-1.9	-3.8	13.5	7.2	3.1
2016年9月	0.7	-1.5	-3.3	12.3	6.6	5.1
2016年10月	1.2	-0.5	-2.6	9.6	6.6	3.1
2016年11月	1.3	0.0	-2.3	7.3	6.9	4.3
2016年12月	1.6	1.6	-1.2	7.6	7.1	7.4
2017年1月	1.8	3.9	0.5	7.2	5.9	12.9
2017年2月	2.0	4.5	1.1	5.5	5.6	15.1
2017年3月	2.2	3.9	1.5	4.9	5.2	11.3
2017年4月	2.5	4.3	2.1	2.7	4.6	7.6

续表

	美国	欧元区	日本	巴西	南非	俄罗斯
2017年5月	2.4	3.4	2.1	0.2	4.8	5.9
2017年6月	2.0	2.4	2.2	-3.2	4.0	2.9
2017年7月	2.0	2.0	2.6	-4.3	3.6	1.8
2017年8月	2.4		2.9	-4.4	7.6	4.7

附表5　　　　　　　　主要经济体PMI

	美国	欧元区	日本	印度	巴西	南非	俄罗斯
2016年1月	48.2	52.3	52.3	51.1	47.4	41.0	49.8
2016年2月	49.5	51.2	50.1	51.1	44.5	48.7	49.3
2016年3月	51.8	51.6	49.1	52.4	46.0	51.0	48.3
2016年4月	50.8	51.7	48.2	50.5	42.6	52.5	48.0
2016年5月	51.3	51.5	47.7	50.7	41.6	50.8	49.6
2016年6月	53.2	52.8	48.1	51.7	43.2	48.3	51.5
2016年7月	52.6	52.0	49.3	51.8	46.0	47.5	49.5
2016年8月	49.4	51.7	49.5	52.6	45.7	46.5	50.8
2016年9月	51.5	52.6	50.4	52.1	46.0	51.5	51.1
2016年10月	51.9	53.5	51.4	54.4	46.3	49.5	52.4
2016年11月	53.2	53.7	51.3	52.3	46.2	55.0	53.6
2016年12月	54.5	54.9	52.4	49.6	45.2	47.6	53.7
2017年1月	56.0	55.2	52.7	50.4	44.0	45.8	54.7
2017年2月	57.7	55.4	53.3	50.7	46.9	53.4	52.5
2017年3月	57.2	56.2	52.4	52.5	49.6	52.5	52.4
2017年4月	54.8	56.7	52.7	52.5	50.1	43.2	50.8
2017年5月	54.9	57.0	53.1	51.6	52.0	50.4	52.4
2017年6月	57.8	57.4	52.4	50.9	50.5	42.9	50.3
2017年7月	56.3	56.6	52.1	47.9	50.0	39.4	52.7
2017年8月	58.8	57.4	52.2	51.2	50.9	44.1	51.6

附表6　主要经济体对外贸易

	美国（百万美元）出口	美国（百万美元）进口	欧元区（百万欧元）出口	欧元区（百万欧元）进口	日本（百万日元）出口	日本（百万日元）进口	印度（百万美元）出口	印度（百万美元）进口	巴西（百万美元）出口	巴西（百万美元）进口	南非（百万兰特）出口	南非（百万兰特）进口	俄罗斯（百万美元）出口	俄罗斯（百万美元）进口
2016年1月	178660	222070	167867.2	146487.2	5350536.5	6007541.0	21199.0	28866.5	11237.7	10322.6	71392.8	89356.8	17157	9854
2016年2月	180892	226182	167453.3	147455.5	5702255.9	5466799.1	20845.7	27419.0	13342.9	10301.1	90473.0	91739.8	20140	12870
2016年3月	179897	217277	167317.5	143911.7	6456793.2	5711906.6	22911.7	27310.3	15991.8	11560.7	95241.0	93206.6	23192	15377
2016年4月	181895	220317	168359.8	144585.2	5889551.5	5078292.2	20891.3	25702.6	15371.8	10509.7	91865.2	91992.5	21759	15128
2016年5月	182166	223686	167221.1	142498.3	5091944.3	5139283.5	21271.2	28289.0	17568.7	11136.2	104502.8	86137.3	22051	14459
2016年6月	183770	227605	167795.8	146113.0	6025343.6	5338872.5	22655.4	30917.1	16738.1	12769.5	105163.3	92688.4	24043	16003
2016年7月	185330	226624	167336.4	147454.4	5728432.8	5223908.0	21689.6	29451.0	16328.2	11752.7	95525.6	90486.4	22450	16212
2016年8月	187385	228514	171899.4	148685.0	5316393.2	5351016.7	21597.1	29303.2	16986.5	12848.4	89864.1	98744.7	23109	18476
2016年9月	188123	226588	170480.5	147800.9	5968949.2	5482362.4	22905.6	31760.4	15800.1	11987.4	99159.5	92210.1	25389	17934
2016年10月	185599	228668	170557.1	150880.5	5870245.7	5389091.5	23349.4	34486.7	13713.1	11375.4	88325.1	92239.1	24747	18191
2016年11月	184848	231221	175968.8	154183.5	5956403.4	5809884.5	20059.0	33480.0	16215.9	11462.7	99057.0	100741.2	26554	17586
2016年12月	189507	234114	179318.8	156347.7	6678921.2	6043015.9	24037.5	34493.5	15940.6	11525.5	93673.8	81268.7	31260	19498
2017年1月	191698	240473	177540.5	162532.8	5422001.2	6513874.9	22285.6	31924.3	14908.3	12199.7	80217.0	91432.9	25428	13733
2017年2月	192311	236818	179006.0	160996.0	6347442.9	5536351.9	25543.5	33231.4	15468.7	10914.2	87269.5	82480.7	25745	15600
2017年3月	192218	237029	182942.2	161609.7	7229636.7	6619341.5	29144.5	39668.9	20074.0	12937.3	101064.1	89780.6	31225	18711
2017年4月	191569	238944	179803.9	161184.4	6329426.8	5850260.0	24604.4	38070.4	17679.9	10716.1	91032.8	86061.6	26095	18094
2017年5月	192308	238703	183852.0	165263.0	5851173.7	6057589.3	22543.3	37928.5	19790.1	12592.7	102731.0	95508.9	28173	19654
2017年6月	194946	238489	180281.5	158578.2	6608422.3	6166997.0	23575.6	36538.7	19779.9	12471.4	102015.0	91458.5	29518	20828
2017年7月	194381	238071	178229.5	159656.0	6495231.1	6073496.2	22543.8	33993.6	18766.2	13876.2	93094.4	84108.8	24742	20770
2017年8月					6278037.0	6164395.0	23818.8	35462.8	19474.8		71392.8	89356.8		